你知道吗？

孩子的成长是有规律的。

希望这本书能帮你

真正了解自己的孩子。

全球阶梯教养圣经

Your Nine-Year-Old

你的**9**岁孩子

〔美〕路易丝·埃姆斯

〔美〕卡罗尔·哈柏 著

玉冰 译

北京联合出版公司
Beijing United Publishing Co.,Ltd.

目 录

contents

1 Chapter

独立、执着、不可预测——
九岁孩子的年龄特征

> 九岁孩子的特点：一是意识更加独立，对他人的依赖减少，对自己的要求变高；二是做事更加执着，能够善始善终；三是具有较强的不可预测性，九岁孩子时而表现得很成熟，时而又表现得很善变，让人难以捉摸。这时期，他们的心智更加成熟，懂得按计划行事，喜欢智慧和知识方面的长进，家长可以把握时机，引导孩子提高学科成绩。

- ⊙ 做人的良心开始构筑
- ⊙ 喜欢跟人聊天
- ⊙ 排斥异性
- ⊙ 敢担当，相对有耐心
- ⊙ 重视友情，值得信赖
- ⊙ 相对内向，也相对能掌握好心里的尺度
- ⊙ 时空概念更加清晰

- ⊙ 不同个体间的个性差异
- ⊙ 不同个体间存在成长模式的不同
- ⊙ 九岁属于内向但不和顺阶段

Chapter 2

对他人不再过度依恋——
九岁孩子的人际交往

> 九岁孩子最大的特征之一就是其独立性增强，在感情上也表现得对他人不再过度依恋。尤其是对妈妈，九岁的孩子开始逐渐离开他的妈妈，感情的重心也由母亲转向了朋友。这时，父母应该做好面对、适应全新角色的心理准备，享受这难得的自由时间，把握好与孩子相处的尺度，对孩子进行合理引导。

3
Chapter

能有效进行自我控制——
九岁孩子的日常作息与紧张宣泄

九岁的孩子已经掌握了基本的生活能力，饮食更加平衡，能够自觉就寝，睡眠质量也有所提高，洗澡穿衣更是得心应手。但是如今，由于环境污染和抗生素的副作用，孩子的发病率在不断增加，家长们更应该重视孩子的饮食健康和营养均衡。九岁孩子的自控能力提高，宣泄紧张情绪的方式比以前温和了许多。但是，家长们也要保护好孩子，帮助他们远离、抵制危险的宣泄方式。

4 Chapter

"因材施教""因时制宜"——
九岁孩子的管教方式

> 任何形式的管教都可能涉及一定程度的惩罚，但是我们倡导成长派管教方式，这要求家长要首先根据孩子的年龄、特点，以及他的具体情形，来确定对孩子的期望值是否合理，然后再决定是否对孩子进行管教。由于九岁孩子存在较大的个体差异和极大的不确定性，所以对这个年龄段的孩子的管教一定要利用其特点"因材施教""因时制宜"。

- 怪罪他人与开脱自己
- 真实与诚信
- 惩罚

5

意识独立、排斥异性——
九岁孩子的自我意识与性意识

> 典型的九岁孩子往往是一个相当懂事的孩子，他们更加独立，更加自信也更加自主了。这时的他有较强的安全感，能够对自己和他人做出合理的、公平的判断。他们做事更有计划性也更加执着了，有时也会过度沉浸在自己的世界里。九岁的年龄段很可能是男孩女孩之间相互很不感兴趣的一个时间段，在大多数情况下，女孩只跟女孩玩，男孩只跟男孩玩。由于性别不同，男孩女孩的性格、爱好也有很大的不同，成人应该根据性别合理地引导、教育孩子。

1. 自我意识　　　　　　　　　　　094

- 能够独立完成一些生活琐事，有较强的安全感
- 对自我有较准确的评价

- ⊙ 有时会沉浸在自我的世界里
- ⊙ 做事更有计划，更加执着
- ⊙ 积极建立与他人的良好关系
- ⊙ 开始设想自己的未来
- ⊙ 对他人的态度敏感，渴望把事情做完美
- ⊙ 爱思考，喜欢与人为善

2. 性意识 *099*

- ⊙ 排斥异性阶段
- ⊙ 男孩女孩对生殖繁衍兴趣不同
- ⊙ 懂得保护身体隐私
- ⊙ 对自身的器官和功能感兴趣
- ⊙ 根据性别，合理地引导、教育孩子

6 Chapter 个性差异大，整体能力提高——九岁孩子的兴趣与能力

　　九岁是一个令人难以捉摸的年龄段，九岁的孩子个性差异大，存在极大的不确定性，所以不同的个体和不同性别的孩子之间就玩耍、阅读等方面的兴趣存在很大的差异。但是此时的孩子做事更加投入也更加努力了，喜欢动脑而且有意愿按时、保质保量地完成任务，所以九岁孩子的智能和体能都有了很大程度的提高。

抽象思维发展，
更加现实和理性——
九岁孩子的心智成长

九岁孩子的抽象思维有了很好的发展，更加现实和理性了。他现在不再以自我为中心，而且还能或多或少地根据逻辑规则，来修正他自己对某件事不够全面的第一印象，也能做一些简单的演绎推理了。他的时间感和掌控能力提高，空间方向感增强；语言成为与他人沟通的工具并且有了批判性的思维。在学习技巧方面，大多数的四年级学生都对自己的能力相当有信心，这阶段也是把学到的各项基础技能付诸应用的最佳时段。

8 Chapter 学习能力跨越式提高——
九岁孩子的学校生活

> 学校给九岁孩子带来了很多新的挑战，在美国他们正好上四年级。要胜任四年级的功课，不但需要孩子具备新的思维方式、新的抽象观念，还需要孩子用全新的方法来运用以前学过的、如今或多或少能记住的一些知识，所以孩子在九岁时学习能力有了跨越式的提高，而且他们大多也都愿意努力学习。整体说来，正常的九岁孩子能够适应学校生活，但是家长们此时也要多关注自己的九岁小少年，分析他是否真的适合上四年级，并且要客观地分析、对待孩子在学习中出现的"特殊问题"。

9

依据年龄特点做周密计划——
九岁孩子的生日派对

> 九岁的孩子个体差异很大，他们个个都有非常鲜明的好恶，而且个个都很不屑于掩饰他们如此鲜明的好恶。因此，一个想要主持九岁孩子生日派对的成年人，请务必要牢记九岁孩子的突出特点。若想让九岁孩子在派对上玩得开心，就一定要把握好九岁孩子的特点，依据其特点事先做好周密、详细的计划。游戏活动一定要非常有趣好玩，如果可能的话最好是很不同寻常的活动。同时，男孩女孩的派对也要区别对待。

10 Chapter 你是否也遇到过这些麻烦？——源自家长们的真实故事

> 　　不同的孩子在成长的过程中会表现出一定的规律和特点，很多孩子在同一事件出现了同样让父母棘手的问题。为了帮助父母解决这些问题，我们特意挑选了一些有代表性的家长来信进行分析，相信对读者会有所帮助。

给父母一张关于孩子的成长地图

我们在这里讲述的是孩子在相应年龄段所应有的行为或者行为规范。这些东西能使不少家长看过之后感到心里踏实，因为做父母的总是愿意了解自己的孩子会有哪些行为。当然，我们的这些描述也有可能反而使一些家长更焦虑，甚至是愤慨。好在绝大多数的父母因为预先知道了孩子可能会出现的一些行为，而能够多多少少放松下来。这正是我们愿意看到的事情。

尤其让许多父母感到放心的地方是，他们现在终于明白，孩子在某些阶段出现的一些"糟糕"行为，其实是一种"正常"行为。因为，别人的孩子也这样。

我们这一群人在阿诺·格塞尔博士的亲自带领下，跟踪孩子们 40 多年，研究儿童行为的变化与发展。我们的研究始于当年格塞尔博士指导下的耶鲁大学科研诊所，也就是现在著名的格塞尔人类发展研究所的前身。

这些针对数千名儿童（一点不夸张）的不断学习和研究，使得我们坚信，人类行为的成长模式十分有规律。我们可以相当准确地预料出孩子在某种行为阶段之后将会是什么行为阶段。这里的行为，指的是能够表现出孩子的运动能力、语言能力、适应能力以及与人相处的能力等各方面的行为。

我们能够很自信地告诉你，通常来说，一个男孩子或者女孩子会在某个年龄出现某种行为特征。

但是，毫无疑问，没有哪个孩子肯定是一个"通常来说"的孩子。正如我们在这本书里要详细阐述的那样，每一个孩子都是独一无二的个体，都可能从各个不同的方面有别于任何其他孩子，甚至包括和他或者她同胎而生的兄弟姐妹。

因此，当我们告诉你，四岁孩子是张狂而可爱的，五岁孩子是沉静而安静的，六岁孩子又是怎样怎样的时候，请你要记住一点，这并不意味着所有的孩子都会在某个特定年龄段表现出某种特定行为来，而且都肯定或者应该跟我们的描述一模一样。

同样是发育正常的男孩和女孩，他们的行为成长既可能比我们描述的进程时间表快，也有可能比我们的进程时间表慢，当然也很有可能不偏不倚，与其同步。不论孩子的成长是快还是慢，这都肯定不值得家长忧心忡忡。

不仅仅是每个孩子的成长进程快慢有所不同，而且其行为的和顺与不和顺的程度也相当不同。有些孩子不论在哪个年龄段，都十分招人喜爱，很善于调整自己，让别人觉得十分易于相处；另有些孩子则相反，不论家长多么懂孩子、多么精心照料，他都有可能在整个童年阶段十分难以相处，甚至有可能在任何年龄段都十分不易相处。

有些孩子各方面的成长明显均衡，齐头并进。他们在各个不同方面的发育进程要么都提前，要么都延迟，要么都恰好跟我们的描述同步。这包括了他们的语言能力、运动能力、适应能力以及所谓的为人处事的能力。可还有些孩子却并不均衡，比如，有可能他的语言表达能力进步神速，而运动方面的能力却远远落后；或者很可能完全倒过来。

在这本书后面的章节里，我们将会详细阐述孩子与孩子之间的个体差异。但这绝不是为了要让我们的读者因此而惴惴不安；相反，我们在这本书的一开始就再三强调，我们对孩子各种行为的预期只是常规描述，是对众多孩子自然展现出来的各种行为的一个概述而已。

我们不妨来打个比喻，把这本书里以及其他类似书籍的描述都比喻成一份地图，而且是你想要前去旅游的那个国家的地图。我们能够告诉你的是那个国家总的来说是个什么样子；但是我们却不能够告诉你，你的旅程将会是什么样子。你可能比其他游客走得更从容些，或者更匆忙些；也可能比别人看得更细致些、更周详些，甚至有可能会回过头去再看看。你的这份地图既不能告诉你你将会遇到什么，也不能告诉你你应该做些什么。它能够告诉你的不过是这块地界的大致模样。

人们大多愿意借助于地图的帮助。许许多多的父母也愿意借助于我们所做的这份孩子行为描述图的帮助。因此，如果你愿意，请使用我们的行为描述图吧，我们很希望你能因此有了一个很实用的向导，就像许许多多的家长一样。只是，请你不要因为我们的常规描述跟你的孩子不太一样，就去指责自己的孩子不好，或者指责我们的描述不对。每一个孩子都是一个美好的、与众不同的独立个体。我们仅仅希望这本书能够帮助你在孩子成长的各个阶段之中更加懂得欣赏他。

名家推荐序（一）

众里寻他千百度

每一个做了父母的人，都希望自己能够做一个对孩子成长负责任的好爸爸或好妈妈，我也不例外。当儿子的生命还蠕动于我的体内，幸福的同时伴随着我的决心——一定要做一个好妈妈！

孩子出生了，他躺在我的怀里，吸吮着我体内流淌的乳汁，明亮清澈的大眼睛和我对视着，充满了对我的信任和爱，而此时，我却感到了一阵恐慌——我该如何去爱上天赐予我的这个宝贝？我懂得要给他吃母乳、要保护他的安全、要尽其所能地给予他最好的教育……但是，我不懂得在他每一个成长的阶段，会出现怎样的心理发展过程，这些心理发展会让他表现出怎样的行为，我又该如何去帮助他完成这些发展过程。比如，当他三个月大的时候，他的精神需要是什么？我是否应该让他吃手指？在他六个月大的时候，他会出现怎样的行为？他四岁的时候如果与小朋友打架，我该怎么来处理……我感觉到做一个好妈妈有些力不从心！

随着孩子一天天长大，他真的开始吃手指头了；他到幼儿园的第一周就和小朋友打架了，脸上还被抓出了血痕；他开始追着我和先生的屁股不停地问问题，这个世界有太多他不明白的东西；他拿起剪刀把自己的头发剪成了朋克状；他在幼儿园为了不把大便解在裤子里而憋上一天，我们不明白他为何不去洗手间；他开始说"屁股""臭大便"，反复地说，我们越是阻止他说得越开心；他开始邀请幼儿园的小朋友到家里来做客，而且没有经过我们的同意就带小朋友回家了；他开始对文字感兴趣，家里的任何一本书以及大街小巷的每一个门牌和挂着的标语，他都要求我们认真地读给他听……

因为不懂得孩子，所以我们会犯下很多的错误。比如，当他的脸被小朋友抓出小小的血痕时，我告诉他："如果谁再靠近你，你就还击他！"当天，老师给我们反馈是："你的孩子怎么了，小朋友才靠近他，他就出手抓人家的脸，他以前不这样啊！"我立即意识到自己的教育是有问题的，但问题在哪里，我却不知道。

当我发现自己存在问题后，开始学习教育孩子的方法，于是到书店里去买书看。然而，在 17 年前的书店里，教育孩子的书种类非常稀少，唐诗和宋词外加名人教子语录，这些书籍无法帮助我理解孩子的成长规律，也无法让我学习到正确的应对方式，于是，我仍然在黑暗中摸索着孩子的成长规律。

在孩子十五岁的时候，我才接触到了教育的核心，才开始明白教育的本质是帮助孩子完成每个年龄阶段生命发展的任务，可是，我的孩子已经十五岁了！他成长中最重要的时期被我错过了，那种因为错过而心痛的感觉让我在许多夜晚不能成眠，我们和孩子都无法重新来过，我们再也回不到从前了！现在，孩子已经二十岁，即将离开我们远赴英国上大学。好在我从明白错过的那一刻起，就没有再错过孩子的成长，这五年是我弥补自己缺失的五年，感谢上天给了我这五年的机会！

有了陪伴孩子成长的经历，有了我对教育的研究和感悟，我觉得自己有责任为年轻的父母们做点什么，让他们不再重蹈我们的过错。这些年来，我不断地接触、体验和思考新起的教育理念和方法，寻找能够给父母们带来更好帮助的书籍。但是，一直没有这样的书入眼，直到玉冰把这个宝贝带到我的面前，这套书让我眼前一亮——这不正是我多年来苦苦寻找而不得的宝贝吗？！

这是一套研究一到十四岁孩子发展规律的书，一群严谨的学者用了 40 年的时间来研究每一个年龄阶段孩子的发展规律，并给父母提出了具体的建议和应对方法。虽然我国也有很多研究教育的机构，但是，我们缺乏对各个年龄阶段孩子科学严谨并能够持续 40 年之久的研究，这套书能够弥补我们的缺陷，给我们的研究和父母养育孩子提供非常大的帮助。

虽然东西方存在着文化上的差异，但是，在人类这个物种成长和发展的规律上，存在的差异不会太大。比如，无论是西方还是东方，孩子都需要在妈妈肚子里怀胎十月才出生，一出生就能够吸吮，出牙的年龄大致都在 4~6 个月，都会在一岁左右走路，都能够解读成人的表情，都会在同一个年龄阶段出现相应的敏感期……，无论是东方还是西方的父母，都希望在了解孩子发展规律的基础上来帮助孩子成长，都希望孩子具备善良、有责任感和自律等优秀的人格品质，都需要具备帮助孩子建构健康人格的能力，由此，这套书能够帮助到中国的父母们。

假如，在我的孩子刚出生时，我就能够看到这套书，我有信心做一个好妈妈。因为，我会了解孩子在当下的生命发展过程中会出现怎样的行为，我该给予孩子怎样的帮助，才能让他顺利地完成这个阶段的发展任务；同时，我还会预见孩子在未来每一个年龄阶段生命发展的方向，我会提前做好相应的心理和物质准备。虽然，对于我来说这一切都只能够成为一个"假如"了，但对于孩子在成长阶段的读者来说，这是真实可行的！

胡萍

2012 年 4 月 26 日于深圳

编者注：胡萍，中国儿童性教育的先驱。2001 年开始研究儿童性健康教育和儿童性心理发展。2004 年开始在全国 50 多个城市开展健康教育父母课程，并多次与中央电视台、新浪网等合作录制儿童性健康教育节目，其代表作有《善解童贞》《成长与性》《儿童性教育教师用书》等。

名家推荐序（二）

在这里寻找答案

"教育是一门科学，不能仅凭经验。"这是我回国后一直倡导的教育价值观。

2002年我从德国慕尼黑大学毕业后回到国内开始从事教育工作，将近十年的工作中让我感到困扰最多的就是父母宁愿相信经验，也不求证于科学；父母宁愿把自己的孩子和周围孩子相比，也没有办法用科学的方式评价自己孩子成长得是否合适。

印象最深的是每次都有父母非常焦虑孩子的正常现象。比如说"多动"。在他们的眼中，如果一个四五岁的孩子无法专心做事30分钟就是多动症，就需要看病吃药，就会导致学业问题。每次我都耐心地向他们解答每个年龄段不同的正常现象，持续多长时间就是在正常范围之内才能减轻他们的担心。比如父母们不明白为什么三四岁的孩子喜欢拿着东西就往地上扔，喜欢强调"我"。

只有当父母知道什么是"正常"，才能真正理解孩子的行为，也才能给予正确的引导。

所以，我特别希望有一套介绍个体发展基本规律的书来帮助父母认识到个体发展规律，帮助他们判断孩子的"正常"行为和理解孩子行为背后的原因。

相比较个人发展和心理认知专业书籍的晦涩，《你的N岁孩子》系列更加生动，语言也更容易理解。在这本书中，读者会看到一群同年龄的孩子，他们的生活跃然纸上，在这里，你一定会找到自己家里的那个宝贝，也更加能走进他们的内心。

兰海

编者注：兰海，上濒教育机构创始人，毕业于德国慕尼黑大学教育心理学专业。研究方向：创造力发展、青少年成长、教育规划、亲子关系。兰海先后在慕尼黑大学获得心理学、教育学和社会学三个学位，在九年的教育实践工作中，对国际、国内的教育状况有异常深入的了解和研究。目前，兰海是中央电视台少儿频道《成长在线》栏目特邀专家；《父母世界》杂志特邀专家。著有《嘿，我知道你》《孩子需要什么》。2009 年，中国教育报专题人物报道：《教育是科学，不能仅凭经验》；2011 年 4 月，CCTV10《人物》栏目专访：《带孩子寻找快乐的老师——兰海》。

因为懂得，所以从容

　　我的小牛牛，再过几个月就该满九周岁了。过去的这几个月，我一边翻译着这一套书，一边根据我看到的对七岁、八岁、九岁孩子的描述，观察他。我知道他身上还带着一些七岁孩子的特点，觉得这世界有时候还是挺不待见他，他也仍然喜欢埋在自己的想象世界中神游；我也知道他身上已经带出一些八岁孩子的特点来，他开始明显有了对与错、好与坏的观念，而且很能"严以律人"（呵呵，他还不够能力严以律己）；他甚至也开始有了一些九岁孩子的特征，更愿意听从"道理"，而不再一味地"蛮不讲理"。这是一件多么奇妙的事情！我认真地揣摩他，努力去理解他，仔细地感受他，随时享受着他的可爱，宽容着他的可恼，思索着怎么化解我们之间的不协调……

我真的很欣慰，身边能有这么一套书，能够如此实际而且实用地帮助我理解我的孩子。我发现，真的，正如作者所说，这套书是一套"地图"，让我知道这块"地界"大致会是什么模样。我也真感谢能有这么一套"地图"，正如我这个路盲开车出门之前总要仔仔细细研读地图，做到自己心中有数之后才敢上路一样，有了这套《你的N岁孩子》，我真的觉得对孩子有了种"心中有数"的感觉，而不再像以前那般，时不时陷入迷茫、困惑、焦虑、苦恼之中。

虽然我的孩子跟书上描述的并非一模一样，就正如我的牛牛有本事集七八九岁孩子的特点于一身，但是，这并不妨碍我大致对孩子的行为、心理与我的亲子关系等有个大致的了解，因此，我能够借此不断调整我对孩子的期望值，不断调整我与孩子相处的分寸。尤其是牛牛这就该九岁了，这就该走上"远离"妈妈的青春之路，小翅膀就要开始展开了，我必须做好准备，在他需要我的时候，伸出我的手，在他需要飞的时候，松开我的手。

而这，正是这套书的作者所希望看到的，正是这一群儿童研究专家们的初衷。为此，我由衷地感谢他们，感谢他们用心血和真爱凝成的这一套书。

我第一次接触到这一套书的时候，我的两个淘气的小男孩还只有两三岁。那时候我一边四处搜寻怎样养育孩子的书，一边和孩子一起参加美国老师主办的亲子班。老师的素质非常好，专修过三门儿童心理方面的不同学位，常常给我们讲述一些不同年龄的孩子会有些什么样的"坏"行为，孩子为什么会有这样的行为以及妈妈这时应该怎么办。这些知识让我十分惊奇，替我打开了一扇全新的了解孩子心理和行为背景的窗户，更何况，老师传授的"技巧"还真管用！我越来越喜欢向老师请教。有一天，老师把我带到亲子班的一个书架前，拿出一本书来介绍给我：你读读这本书吧，会很有帮助。我接过书一看，立刻注意到这本书里的内容和老师授课的内容十分相近！我蹲下身子来，往书架里仔细一看，嚯！四岁、五岁、六岁、七岁……每一岁都有一本！

我立即拿了两本回家读。从此，我爱上了这一套书！

这套书和其他育儿书最大的不同，在于其成书的背景。很多的育儿书，包括现在最走红的海蒂·墨卡夫的书，大多都是妈妈根据自己的体验和感悟而写成的，也有些是儿童教育专家根据自己的知识和经验写成的。但是，这一套《你的 N 岁孩子》系列，却是由美国著名的"格塞尔儿童发展研究所"（现已改名为格塞尔人类发展研究所）的一群儿童研究专家，从 20 世纪 50 年代初到 80 年代末，经过 40 多年的严谨而系统的跟踪，针对数千名孩子在不同年龄段所做的详细观察和了解，而总结出来的系统研究成果！不但很有深度，而且很有广度。这是任何一位妈妈或者儿童心理学家都不可能企及的充足的数据、翔实的研究、精密的分析、高度的概括。

正因为这套书的成书背景如此特别，使得这一套书不仅仅是一套很实用的育儿宝典，而且是一套很科学的儿童行为认知学的科普读物。研读这一套书，不但能让你预先了解你的孩子在不同的年龄可能出现哪些让你十分向往的以及让你十分头疼的行为表现，从而让你有了合理的心理预期和心理准备，面对困境时能够更加从容而不至于惊慌失措烦恼不堪；而且，这套书还能让你明白孩子的许多"坏"行为不但是短暂的阶段性行为，其实也是合理的孩子气的正常行为，从而能让你放下许多不必要的焦虑和心理包袱。故此，不但你的日子能过得更舒坦，孩子也能活得更率真、更健康。

随着我的两个小儿子逐渐长大，我慢慢了解到，这套育儿宝典，不但是美国亲子班、幼儿园老师们的养育依据，而且还是美国小学老师了解和对待不同年级孩子的心理、行为的依据。每年开学，孩子升到不同的年级，我都能收到学校发给家长的一份文件，告诉我们孩子在今年会有哪些特点，父母应该特别注意哪些事项。我也通过频繁在学校做义工的机会，深刻体会到学校老师对待不同年级的孩子真是不一样，不但对孩子的约束要求不一样，而且约束孩子的方式也不一样，十分合理，人性化。从这个角度上来说，这一套书，不但适合父母朋友们学习和阅读，而且也适合幼儿园老师、小学老师甚至中学老师们阅读和学习。

别看这套书是 30 多年前的"老古董"，她之所以到了今天都仍然被美国学校奉为宝典，正是因为这套书的主题是孩子的发育与成长的客观规律，而客观规律是不会过时的。当然，有些外在的环境影响是有了一些改变，比方说那时候还没有"iPad"，现在估计很多孩子都陷于这种现代电子游戏中而给家长带来新的烦恼。不过，只要我们能够智慧而灵活地运用这套书中的基本观念，我们就可以自己动脑筋想出办法来，让我们和孩子走出困境。

这些年来，随着孩子的渐渐长大，我总会不断遇到新的问题、新的苦恼，也总是能够不断地从这一套书中获取知识、汲取力量，调整我的心态，调整我看待孩子"坏"行为的视角，也调整我和孩子相处的进退尺度和协调方法。这套书已经很多次成功地帮助了我走出亲子关系低迷的僵局，走出了我心中的困惑、焦虑、烦躁、失落。我的两个孩子，不但在家庭的小环境里，而且在幼儿园和学校的大环境里，沐浴在这套书的福泽之中，成长得健康、活泼、快乐、聪明。

正因为如此，我对这套书情有独钟。一年多以前我下定决心，一定要想尽办法把这套宝贵的好书介绍到中国来，造福中国的孩子和父母。几经曲折几番努力，终于得到了北京紫图图书有限公司对我的信任和支持，我总算是如愿以偿，能够亲手把这一套书翻译给祖国的家长和老师朋友们。

我替你的孩子感谢你，因为，你愿意研读这套书，愿意接纳这套书将带给你的新知识、新观念、新视角。我在此真诚地祝福你，祝福你的孩子，祝福你全家。你们一定会从此更加相亲相爱，更加幸福和美。

玉冰

美国洛杉矶

2012 年 8 月 16 日

编者注：玉冰，美籍华人，畅销书《正面管教》的译者。她十分重视儿童教育发展，也十分重视亲子关系对孩子成长的巨大影响。此外，她还译有《与神对话——献给青少年》等作品。

编者序

《你的 N 岁孩子》出版背后的故事

——历经坎坷的翻译之路

《你的 N 岁孩子》系列是一套在国外畅销 40 年的育儿经典。它讲述了孩子从 1 岁到 14 岁成长过程中所面临的种种问题和家长的困惑。这些问题产生的原因究竟是什么？父母又该怎样解决问题呢？这套书给予了中国父母从未意识到的问题缘由和解决办法。毫不夸张地说，《你的 N 岁孩子》系列是教育孩子成长的"圣经"。

这套书能在国内出版并不是一件容易的事情，从最初版权引进面临种种困难，到后来翻译遇到各种疑问，一路走来，看到这套书能够陆续顺利出版，作为该书的编辑，我深深地体会到该书的诞生、成长的过程也是我编辑生涯中的一次成长。

当我们千辛万苦拿到这套书的版权时，所有编辑和发行人员都非常兴奋。因为，我们似乎都能隐约感觉和预见，这套亲子教育书籍将给国内的亲子教育图书市场注入一股革新的血液。《你的1岁孩子》《你的2岁孩子》《你的3岁孩子》出版后，引起了媒体的广泛关注。我们更加坚定要把这套书好好做下去。这时，发生了一件颇具戏剧性的事情。正是这件事让我深刻地体会到这部书的分量。

无独有偶，在我们开始洽谈这套书的版权的时候，《与神对话》的译者玉冰女士也在找出版社推荐这套书。此时，我们已经先一步和版权方进行洽谈，并拿下了版权。玉冰女士得知消息后，辗转找到了我们，并提出担任这套书接下来的翻译。我们告诉她《你的1岁孩子》《你的2岁孩子》《你的3岁孩子》已经翻译完毕，而且马上就要出版了。

经过一番交谈，我深深地被玉冰的热情和诚恳所打动。可是，我又为难起来，因为《你的4岁孩子》已经在进行翻译了。玉冰并没有因为我的犹豫而放弃，她提出可以不要稿酬担任本书的翻译，她征求我们要看一下《你的4岁孩子》的译稿。当她把自己的译稿和我们的译稿对比出来时，我们体会到玉冰女士对原著的理解非常深刻和到位。她说，这套书实在太值得介绍给国内的父母了，如果由她这样一位有过亲身经历，并且受益于这本书的妈妈进行翻译，对读者来说不也是减少了一层隔阂吗？面对这样一位热心、诚恳、有责任感的译者和母亲，我再也没有理由拒绝了。

玉冰还告诉我，她在美国生活多年，这套书在美国出版的时候，她就爱上了这套书。作为两个孩子的母亲，玉冰着实被书中所讲的内容打动了。她开始理解孩子的"坏"行为是怎么回事，她在教育孩子的时候也放下了许多不必要的焦虑和心理包袱。她曾开玩笑地说，孩子渐渐长大，也是这套书的福泽庇佑呢。

玉冰认真地说，这套书给了她很多帮助，如果中国的父母能早一点读到这套书，或许教育观念就不同了。现在，该系列有了中文版，这是件大好事啊！作为一位有过教育孩子经历的母亲，她对这本书的感情和理解都要比没有过带孩子经历的人多很多。所以，能让她担任本书的翻译，一定会比现有翻译更到位。

可是，在审校玉冰的译稿时，我发现她的译文非常"较真"，对原文的每个字都仔细推敲。在审译稿时，我们都在彼此磨合。我会把她的译文改得满篇红，因为我觉得，这个久居美国的华人的译文不够准确，说中文的习惯和国内读者也有偏差。我会把她翻译的句子改改，词汇换换。这遭到了玉冰的很大质疑，我们为此发生了分歧。有时候，我们会因为一个词的翻译反反复复通过邮件沟通，有时候我能说服她，但更多时候，是她说服我。例如，她告诉我为什么用"和顺"一词而不用"稳定"，我这才知道，她把一个英文单词翻译成中文时，是在用一位母亲的经历和感悟在理解这个词。

就这样，通过上百封邮件的沟通，我们共同完成了《你的4岁孩子》的审稿。虽然是初次合作，但我已经体会到这部亲子教育书对作为父母的读者的重要性。一个词、一句话都可能影响读者的理解和观念的改变。随后出版的《你的5岁孩子》《你的6岁孩子》《你的7岁孩子》《你的8岁孩子》都是我们反复沟通、反复琢磨而成。

功夫不负有心人，我们的"研究"和"较真"得到了读者的认可。现在，我经常会收到读者发来的邮件，还有各大网站上的评论，看到了很多妈妈都在表达，"书中写得简直和我的孩子太像了，他现在就是这个样子！不过，读过这本书我不再纠结了。这是他该有的样子……"虽然只是读者短短的一段评论，可是对于该书的编辑而言，我深深地感到，这套书的精神已经在读者中产生了共鸣。

编者谨识

2012 年 12 月 21 日

九岁孩子能力发展及教养简表

	九岁
整体特质	独立、执着、不可预测
动作、语言等能力	◇语言成为与他人沟通的工具，更懂得倾听和思考 ◇精力旺盛，热衷于运动 ◇手眼的分工协作更加协调 ◇手指的运用和灵活度存在较大的个体差异 ◇喜欢球类运动
心智能力	◇能够正确感知时间，并给家人及时的回馈 ◇为掌控时间而做计划 ◇对历史感兴趣 ◇空间方向感增强，但也存在极大的个体差异 ◇对周边环境更感兴趣，而且范围无限扩大 ◇抽象思维开始发展，更加现实和理性

（续表）

	九岁
人际关系	◇独立性增强，在感情上也表现出对他人不再过度依恋 ◇对妈妈的感情依赖减少，妈妈应该尽快适应全新的角色 ◇对爸爸敬重，对来自爸爸的反应比较敏感 ◇和兄弟姐妹的关系好坏依据年龄而定 ◇祖孙情谊更加深厚 ◇重视友情，朋友已成为孩子世界的中心
读写等习惯	◇阅读进入了为了汲取新知识而阅读的阶段 ◇格外喜欢推理、侦探故事书 ◇钟爱漫画书 ◇阅读水平和阅读能力存在较大的个体差异 ◇书写更加轻松，喜欢写连笔字，男女孩的笔迹有区别 ◇计算水平提高，但是对计算的兴趣存在极大的个体差异
基本生活习惯	◇饮食更加平衡，愿意尝试新的食物，用餐礼仪大有进步 ◇自觉就寝，睡眠质量提高，起床时间更有计划性 ◇洗漱不再需要父母的介入 ◇穿戴更加得体，但是仍然不注意整理衣物
生理和 心理健康	◇健康状况整体良好，身体不适有时和心情相关 ◇预防过敏食物，把握营养平衡 ◇由于环境污染和抗生素的使用，身体的发病率增加 ◇紧张情绪的宣泄需求减少，但也有明显的个体差异 ◇要保护好孩子，帮助孩子远离、抵制危险的宣泄方式

	九岁
学校生活	◇九岁孩子整体上喜欢上学，并能享受学校生活 ◇四年级要求孩子在学习上有一种跨越式的提高 ◇愿意独立完成功课，能够相对中肯地做出评价 ◇重视自己的成绩，努力做到更好 ◇学习过程中存在极大的个体差异 ◇师生之间的关系少了很多私人的味道 ◇自制力增强，为完成任务全力以赴
自我意识与 性意识	◇自我意识增强，能够独立完成一些生活事情，有较强的安全感 ◇对自我有较准确的评价，有时会沉浸在自我的世界里 ◇做事更有计划，更加执着 ◇爱思考，喜欢与人为善 ◇排斥异性阶段 ◇懂得保护身体隐私，对自身的器官和功能感兴趣
管教方式	◇把握孩子的特点，倡导成长派管教方式 ◇分析孩子对指令、惩罚、奖励的回应 ◇利用孩子讲道理的特点 ◇利用孩子追求公平的特点 ◇把握孩子的道德标准 ◇利用孩子讲究真实与诚信的特点 ◇合理惩罚

独立、执着、不可预测——

九岁孩子的
年龄特征

　　九岁孩子的特点：一是意识更加独立，对他人的依赖减少，对自己的要求变高；二是做事更加执着，能够善始善终；三是具有较强的不可预测性，九岁孩子时而表现得很成熟，时而又表现得很善变，让人难以捉摸。这时期，他们的心智更加成熟，懂得按计划行事，喜欢智慧与知识方面的长进，家长可以把握时机，引导孩子提高学科成绩。

九岁是一个很有意思的年龄，而且是个颇有点儿难以描述的年龄。这其中的原因是，大多数九岁少年的行为，十分不平衡且非常难以预料。所以，假如要为这个年龄的孩子做一幅描绘图，我们能描绘出来的图可能很小，也可能很大。不论我们怎样描述这个孩子，都很可能，今天他就是如此，明天却变得截然相反。这当然会让成年人十分困惑，而且，我们觉得孩子自己也一样会十分迷茫。

1. 渴望独立，对他人的依赖渐少

❖ 独立意识增强，力求摆脱对妈妈的依恋

也许，九岁少年最为突出的行为特征，就是他现在要摆脱他对妈妈（或者其他主要抚养人）的长久而浓郁的依恋。八岁的时候，无论妈妈给他多少情感投入他都觉得依然不够；而现在正好相反，他几乎总是在抗拒妈妈，既不想看到她，更不想听从于她。八岁孩子对妈妈（或者其他主要抚养人）的感情充满依恋，至少，他跟妈妈之间的关系是紧密而亲昵的；而九岁的孩子则变得更独立，更自主。他会更为自主地去做些事情，而且，在开始做起来之后，他更愿意以他的方式、按他的方向、在他自己想做的时间里，去做完那件事。

实际上，有些九岁的孩子已经非常独立了，他向往自己可以"随便瞎逛逛"而不要被父母盯得太紧。也就是说，他喜欢能随意地玩上好几个小时，既不想要你明确告诉他应该去哪里玩，也不想要你限定他应该玩什么；他还想要随意花些钱而不必回来跟你解释。如果你给予他一定程度的独立机会并让他为此承担一定的责任，九岁的孩子反而可能表现出他的最佳状态来。

❖ 内敛谨慎，但生活充实

八岁是一个典型的追求向外拓展的年龄段，因此八岁孩子的特点是满天飞，风风火火的。可是，九岁的孩子和他八岁的时候相比，显得顾虑更多，人也更内敛，而且不再那么风风火火的了，对事情也不再那么确信了。

虽说和八岁的他比起来不再那么满天飞，至少也是不再那么风风火火的了，不过，他也照样非常忙活。能让他感兴趣的事情有那么多，以至于他的每一天几乎永远被排得满满的。每天下午放学之后，他都有好多事情可做：音乐课、打比赛、童子军、家务事……总之肯定有事情。他的时间根本不够用，而他又很不愿意放弃任何一件事情。

❖ 能够继续完成被中断了的事情

九岁的少年变得对自己、对事情都很认真，很想把什么事情都做得恰到好处。他这时更为成熟的一个标志，就是他可以暂时中断正在做着的事情（或者被别人暂时打断了），出去逛一小圈儿，回来之后又可以继续刚才做的事情。也就是说，哪怕中间打扰了他，他的心念还是可以专注在他刚才正在做着的那件事情上。实际上，大多数的九岁少年不但能够做完他要做的事（不论是读一本书，还是吵一架），而且，他其实更有这份心理需要，把被打断了的事情做完。

❖ "绣花"的年龄段

我们曾经把九岁描绘成"绣花"的年龄段。有些九岁的少年做起事情来往往要精雕细琢，悉心处理好每一个细微之处，不到他满意不肯罢休，至少有些时候他会是如此。八岁孩子有时也会这么做，他这么做是为了得到别人的赞许；九岁的孩子则不一样，他不仅仅是为了得到别人的赞许，更是为了满足他自己内在的需要，这其实就是他相当独立的一种表现。九岁孩子从不少地方都能表现出他崭新的独立精神来，仿佛现在换上了一副比先前更为精密的机体似的。这个年龄段的男孩女孩，在很多场合下都能做出更为细致和微妙的反应，注意到更精微的地方。他的情绪感受也更为细腻，对事物的判断更加准确。在参加考试、看电视、读报纸、听收音机等的时候，他能留心到更加微小的细节。考听写的时候，或者他自己读书的时候，他也可能会有些很细微的小动作。

❖ 完善孩子基本学科能力的最佳时期

九岁的孩子看来更有能力应对几乎任何事情，而不再像八岁的时候那么容易陷入对自己的疑虑之中了。这段时期是完善孩子基本学科能力的最佳时期。他很想要提高他的技能，因此不但愿意而且渴望把一个动作重复了一遍又一遍，不论是练习投飞镖，还是练习做除法。实际上有些时候他因为太沉醉于这样的重复活动之中了，以至于他都能把自己搞晕掉。他往往要让自己做到善始善终，不论是一次五英里徒步旅行，还是修剪一块草坪，抑或是做一个变形金刚。有时候，尤其是男孩子，简直就像是着了迷似的投入。他已经有了一种不达目的不罢休的意念。如果做什么事情有时间限制的话，比如限时考试，事后他的第一个念头往往就是"我这次做得好吗"？

2.心智更加成熟，但也有了更多的不可预测性

❖ 执行任务更有计划性

完成一项任务对孩子来说变得十分重要，而且九岁少年在开始着手一件新的任务之前已经知道先要了解其内容和范畴了。他的意志力已经很强大了，只要是他打定主意要做的事情，大部分都能够做得成。这个年龄的孩子，一旦接受了一项任务，而且认为他是为了自己去做这件事情的话，他会愿意花费精力，竭尽全力地去做，哪怕面对的是一项棘手的、不那么令人愉快的任务。

在开始一项他并不熟悉的任务之前，九岁的孩子有可能会不由自主地先"嗯"一声，仔细看看是怎么个情形，然后才下手去做。他遇事不再像几个月以前闭着眼睛就跳进去那般鲁莽了，而是可能会先来一番自言自语："我要想一想，第一步我肯定要先想一想。"也就是说，九岁的少男少女喜欢在迈出第一步之前，先想清楚要往哪里走，并且做个计划。

❖ 对数字敏感，有了相对准确的评估和判断能力

不过，这并不意味着九岁的孩子就不会再抱怨某些事情"太难了"。如果事情做得不够好，不论是他自己干的还是别人干的，他都知道得很清楚，因此，九岁的孩子对别人、对自己的批评都相当多。他这时也对自己的特点以及自己的进步有了新的认识，你会听见一个九岁的少年自言自语地说："那才像是我。"当他在思考的时候，他可能会盯着墙上的一个点，过后他会告诉你，他其实不是在看那个地方，而是盯住那里专心动脑筋而已。

不论是男孩还是女孩，九岁少年都显示出了比较切合实际的评估与判断能力，包括对自己、对他人、对他人怎么看待自己等。他不会愿意接受你名不副实的称赞。对九岁的孩

子来说，他认为事情该是怎样就是怎样。数字是一个能让他感到踏实的东西，因为数量能给出具体的标志，让他能知道他是在什么位置上。另外，九岁的孩子也喜欢知道一件东西的货币价值，比如一套衣服、一个足球、一栋房子，甚至爸爸的工资是多少钱。他也对知道每一个人的年龄非常感兴趣。他有可能会贬低自己记忆力太差，然而实际上，九岁孩子对一些数据和图像的记忆力是相当不错的。

❖ 情绪波动较大，有时会担心、抱怨

一个九岁少年也许会让你觉得他很能耐、很皮实，然而，他的情绪波动和他其他方面的行为一样，变化很大。因此这个年龄段的孩子对事情的反应非常难以捉摸：一会儿很胆小，一会儿又很莽撞；一会儿高高兴兴的，一会儿又恶声恶气的。固然，哪个年龄段的孩子都会有情绪的波动，但是在九岁这个难以预料的年纪里，孩子情绪的波动尤其厉害。

九岁孩子最大的问题之一，可能是他有时候会担心、会抱怨。如果孩子不愿意做什么事，或者那件事情有些太难了，或者他自己并没有下定决心要去做，那么八岁的他往往会一口回绝；但是，现在的他却可能不再这么干脆，而是会给你

一些貌似很有道理的借口，婉言拒绝。许多孩子会在这个时候跟你说身体这儿疼那儿痛，其实都跟他不愿意做某件事情有关。如果一个女孩子不得不弹钢琴，那么她的手会疼；如果一个男孩子不得不吃些他不喜欢的食物，那么他的腭骨会疼；如果他或者她不得不写作业，那么眼睛也会疼。万幸的是，孩子的这许多疼痛你大都可以不必当回事儿。

❖ 热衷于收集，喜欢智识方面的长进

典型的九岁少年很喜欢智识方面的长进。他喜欢编制目录，或者做一份点验清单；他喜欢把手上已有的信息拿来整理、分类、排序。整理不同种类、不同系列的东西令他非常感兴趣。比如说，海军以及陆军的军衔徽章，联合国的各国旗帜，汽车、飞机的不同机型……

九岁的孩子很热衷于收集。现在，不但收集的数量他很在意，收集的质量他也很看重。而且他喜欢把自己的收集整理得井井有条。他目前的收集水平之所以比过去大有长进，很大一部分原因在于这时他做事情的那份执着、那份不达目的不罢休的意志。而且这时他做事已经相当有条理了，因此他也能够把他的东西收拾得整整齐齐。有些时候，妈妈也许

会看不上孩子的囤积癖而把他收藏的宝贝扔掉，这会让他非常愤怒；哪怕妈妈只是无意中弄乱了他的收集，他也一样会很生气。

❖ 做人的良心开始构筑

这个年龄的男孩和女孩对他人的预期和估量，往往能既比较合情理，也相当公允。他不再那么责怪别人，至少是对别人的指责比过去少了很多。他既希望别人把事情处理得公平合理，也要求自己努力做到公平合理，做人的良心这时已经开始构筑。九岁的少年非常看重糟糕的局面是谁先引起的，而且如果在一旁负责的成年人（老师或者家长）并不认同他的看法和判断，他会因此感到非常失望。当然，如果他认为成年人处理得公平，他也会愿意服从管教。

❖ 喜欢跟人聊天

九岁孩子很喜欢跟人聊天，尤其是跟自己的朋友闲侃。这个年龄的孩子比过去显然更安静，更沉稳，愿意花更多的时间去跟人聊天，谈论张三李四、事情局势，诸如此类。他们不但谈论现在，而且还会谈论将来。

❖ 排斥异性

这个年龄段的孩子因为对异性的厌恶而表现出很反常的强烈鄙视态度，这和在并不遥远的将来对异性的兴趣形成了鲜明的对比。许多小男生根本不愿意搭理小女生。女孩子对此则报以这样的评价："男生都是些讨厌的家伙。"只不过，现在最讨厌异性的孩子，将来很可能反而最受异性的吸引。

在某些更早期的年龄段里，孩子与孩子之间可能在许多方面都有很大的相似性。但是，九岁却是一个以差异性为主的年龄。尽管我们可以针对这个年龄段做出一个大致的评说，但是每个孩子的个体差异在这期间相当大，从而更增加了在这个特殊年龄段的孩子的不可预测性。

❖ 敢担当，相对有耐心

在情绪方面，他堪称是一个很有担当的孩子。很多情况下他自己能为自己做的事情承担责任。虽然他不至于像八岁时候那般充满激情，但他仍然愿意挑战新奇的和棘手的事情。尽管不太确定可能会有什么结果，但是他通常都愿意去尝试一下。有些时候，他可能不够有耐心，比较着急，甚至一下子火冒三丈，不过，他的火气一般都去得很快，而且总的来说，他更是一个有耐心的人。他会很周详地安排好计划，不但是做一件事情的计划，而且常常是一整天的计划。执着是他的典型特征之一，一旦开始之后他通常非常想做完一件事，而且想要把它做好。他还愿意看到别人也把事情做好，否则的话他会提出批评。当然，他不会再像他八岁的时候那样，立即就冲上去批评人家。

❖ 重视友情，值得信赖

他对待朋友忠心耿耿，甚至可以不在乎对方的一些小毛病，或者小的失误。友情这一观念对他来说更为重要。如果他觉得自己伤到了他喜欢的某个人的心，这件事情本身就会令他自己感到伤心。

九岁的孩子完全可以配得上"自力更生"这样的词汇了。他独立自主，既为自己考量，也跟人讲道理。你可以信赖他，而且大多数情况下他都真能值得你信任。他已经具备了新的能力，能够打定了主意去完成一件事情，而且善始善终。

❖ 相对内向，也相对能掌握好心里的尺度

尽管九岁从某种角度上来说处于内向阶段，但是和七岁

的时候比起来，他并非那么深深地瑟缩在他自己的内心世界里。他往往陷于沉思，但通常来说不会像七岁的时候那么容易神经质、情绪化以及闷闷不乐了。他也有牢骚，不过不是没完没了地抱怨。他也会往自己内心退缩，不过他只退到刚好足以审视整个情形的地步，然后调整好自己，准备再次起跑。然而，也有些九岁的少年过于担心自己的能力，怕自己达不到别人的要求，他常常会低估自己的能力。

这个年纪的孩子不再像他八岁的时候那么喜欢吹嘘自己和攻击别人了。而且现在打起架来，他不只会用蛮力还会用智慧。

❖ 时空概念更加清晰

九岁的孩子，不但想要控制时间，而且也受着时间的控制。他一方面会相当周详地计划他一天的时间，另一方面他又总是没有足够的时间完成他想要做的所有的事情。因为他的兴趣是那么的广泛，他的日子是那么的繁忙，所以为了能抢出来一点时间，他甚至会把闹钟拧到一大早，好让自己多出一些时间来，多做点儿事情。

他的空间概念也有了长进，现在他已经可以自己外出办事了，比如说，自己去看他的大夫，或者自己去上音乐课，哪怕是需要在公交线路上转车等，他也做得到。

总而言之，我们可以很公平地说，九岁的孩子真的有了可喜的变化。前段日子里和妈妈之间的纠结变得平顺了，不论是男孩还是女孩，这时候都比以前更为独立、自主、讲道理、能为他人着想，而且懂得自律了。因为他喜欢智识方面的长进，所以，如果你有时间，孩子会兴趣盎然地跟你一起探讨。

3. 九岁孩子的差异与整体特征

❖ 不同个体间的个性差异

不过，我们的确觉得九岁孩子有一点儿难以表述，原因之一在于孩子在个性方面的个体差异在九岁这个年龄变得非常明显。孩子的成长过程中，在某些时间段里，年龄的影响几乎左右着所有孩子的行为模式。比如说，大多数的八岁孩子都会显得非常活跃、开朗；大多数的十岁孩子往往都是宽容的、友善的、讨人喜欢的。某些年龄段里孩子和孩子之间的相同点会很多，我们不难听到读过我们系列著作的家长常常感慨说："你的书就是照着我家苏西写的吧？"

但是，在另一些不同的年龄段里，孩子的行为受该年龄成熟程度的影响并不是太大，相反，他的行为模式更多的是受他自己基本个性的影响，而九岁无疑就属于这种情形。在这个年龄段，孩子与孩子之间的差别非常大，而且看来比任何其他年龄段都更为明显。这种差别可以显现在几乎任何九岁孩子的行为表现上。

有的孩子家庭观念非常强，有的则对家里的事情无动于衷；

有的特别"财迷"，有的则对金钱满不在乎；有的哪怕有了一分钱也要花掉，有的则更像个"守财奴"；

有的孩子手特别灵巧，有的则好像手指头不听使唤似的；有的简直就是运动健将，身强力壮，有的则不喜欢运动，能坐着决不站着，而且当他不得不参加体育活动时，手脚也很不灵活；

有的偏偏喜欢电影或者电视中暴力的、血腥的、电闪雷鸣的镜头，有的则讨厌任何一点点的粗暴镜头；

有的孩子胃口小得很，有的则什么都想吃；有的特别能睡，有的则极不容易入睡，而且也不容易睡得香甜；

孩子动作的快慢也有很大差距。有的无论做什么事情、参与什么活动，都一阵风似的快，有的则做什么都慢条斯理。

毋庸置疑，上面列举的这些个体差异，不论是在任何年龄段里都能看得见，但是，在孩子九岁期间，这种差异则尤其明显。

❖ 不同个体间存在成长模式的不同

还有一种孩子之间的个体差异，是成长模式方面的不同。许多孩子各方面的行为能力齐头并进，成长到新阶段的时间跟我们描述的平均值大致相同。也有许多孩子的行为能力虽然大致上在应该到达新阶段的时候到达了新阶段，但只是简短而粗略地一带而过，并不会很明显地显现出我们认为他们应有的年龄特征。

有些孩子，从襁褓之中就开始飞速成长，一路往前冲，到了一定阶段他显得远远超过常人，可也超出了他自己的成熟程度所能够保持的水平，因此随后他的行为能力又会退步，退回到他的年龄段所应该具备的程度，甚至还会退步得低于他的实际年龄。

有的孩子则相反，我们可以说他是后来居上型的。年幼的时候他的行为成长一直拖在别人的后面，他的父母和老师都感到十分绝望。然而忽然之间，几乎只是一转眼，他就呼地冲上前去，显现出了父母师长一直期望的行为能力。

有些孩子的行为总是更偏重于和顺的那一侧（请参照后面的图一），因此哪怕当他们处于不和顺年龄段的时候，也很少烦恼，或者很少惹人烦恼。

可也有些孩子，很不幸，其行为总是更偏重于不和顺一侧，每到了和顺年龄段的时候，只是蜻蜓点水般一闪而过。有一个妈妈就这样对我们抱怨说："你说等他长到了三岁，他就应该比较容易相处一些。没错，他是好了一点点，可是两个星期以后，他就又变回了那个浑身是刺的小刺猬。"的确会是这样。

有的孩子，不论在什么年龄段里，其生活的某一方面可能一直都很让人发愁。比如说：吃饭、睡觉、交朋友、适应学校生活等等，总是都让人揪心。另一些孩子则会在不同的年龄段遇到不同的新问题。

有的孩子，在任何年龄段里，其运动、适应、语言、交往这四大主要行为能力（也就是孩子早期发育中我们着重关注的行为能力）的发育，都均衡地往前发展；另有些孩子，则是某些行为能力超前发育，另一些行为能力则略有滞后。大多数心理学家在探究年龄比较大一点的孩子的个体发育状况时，往往使用两套测试题，一套是一系列的语言测试，一套是一系列的行动测试。结果就是他们会检测出孩子的两套智商数据，一套是语言智商，一套是行动智商。如果孩子各方面的行为能力都齐头并进地发展，这样的智商测试可能比较合适于他，老师和家长相对来说比较容易接受，因为大家都知道大体上会是什么结果。

这个语言智商其实就是人们平时所说的"智商"。如果一个孩子的语言能力比其他几项行为能力发育超前，我们难免会因此而对孩子在其他几方面都要求过高。比如，一个语言智商很高的孩子没法达到成年人对他的语言能力之外的要求时，人们往往就会这么说："只要他努力，他应该能做得更好。"如果你问他，他怎么就这么确信，他常常可能这么回答你："因为这孩子的智商很高。"

我们必须再三强调，孩子在学校里需要的远远比智商要多得多。一个有语言天赋的孩子，有可能在其他方面比较弱；同样，一个智商测试值不怎么高的孩子，有可能在其他方面有杰出的能力。

❖ 九岁属于内向但不和顺阶段

现在请我们一起看看下面的图二。我们发现，孩子在成长过程中，会出现内向阶段与外向阶段来回交替的典型特征，

不和顺阶段　　　　和顺阶段　　　　　　　内向阶段　　　　外向阶段

中轴　　　　　　　　　　　　　　　中轴

	十岁			十岁
九岁			九岁	
	八岁			八岁
七岁			七岁	
	六岁半至七岁			六岁
五岁半至六岁			五岁	
	五岁			四岁
四岁半			三岁半	
	四岁			三岁
三岁半			两岁半	
	三岁			两岁
两岁半			一岁半	
	两岁			
一岁半				

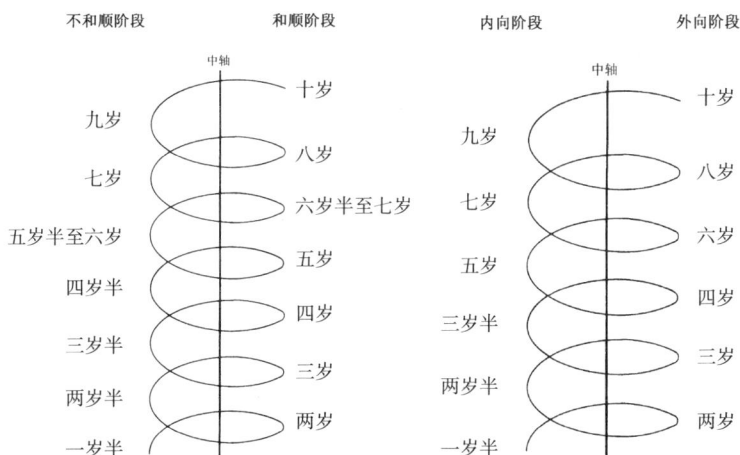

图一　和顺阶段与不和　　　　　图二　内向阶段与外向
顺阶段变换趋势　　　　　　阶段变换趋势

而图二所描绘的，就是这一交替规律。九岁的年龄段明显属于内向阶段。我们先来看看八岁孩子，他的招牌特征被我们归结为几大特点：追求向外拓展、做事风风火火、具备了评估与判断的能力，而他显然处于外向阶段。和刚刚过去的八岁相比，九岁孩子变得向内收敛，他会让自己退离他人，尤其是退离跟他关系十分紧密的母亲以及其他凌驾于他之上的成年人。

根据我们的观察，孩子行为的成长历程的确是在和顺阶段与不和顺阶段之间来回交替，并且在内向阶段与外向阶段之间来回交替。长久以来，我们也一直在搜寻其他证据以证实我们的看法。经过了漫长的等待，最近我们终于等到了布兰代斯大学的赫尔曼·T.爱泼斯坦博士的一份研究报告。这份报告指出，大脑在发育成长过程中会出现一系列的间歇性迸发，每次迸发都会让大脑变得更容易接受新的教诲和新鲜事物。根据他的这份报告，大约85%的孩子成长规律十分相似。每当大脑（尤其是大脑皮层）处于这一系列中的迸发阶段（也就是迅速成长阶段）之时，都会出现大量髓磷脂和树突连接，构筑成新的大脑思维通道，而且，这时候的大脑也最容易接纳新的东西。

爱泼斯坦博士的报告中所讲述的大脑发育处于平缓或者停滞的阶段，与我们所说的孩子的行为模式处于内向阶段，也就是孩子比较退缩、安静的阶段，两者相当吻合。九岁的年龄段在爱泼斯坦博士来说属于大脑发育不活跃阶段，在我们来说属于内向阶段。

不过若要说到是和顺阶段还是不和顺阶段，我们发现九岁的孩子还真有点儿难以描绘。他十分难以预测的特点使得我们也很难对他做出准确的描述。他其实有很多正面的行为特征，在很多情况下更像是属于和顺阶段的孩子。不过，他的不可预测性却也在某些时候不但使得他自己的日子不太好过，也使得他身边的人跟他不太好相处。再加上他焦虑、担忧、埋怨的特性，以及他但凡做起什么事情来就简直没办法放得下的执拗，因此综合考量起来，我们觉得他略微偏向于不和顺阶段的那一侧（请参见上面的图一）。不过，随着他渐渐走向属于和顺阶段的十岁，美好的日子肯定会多过糟糕的日子，我们的少男少女也肯定会有越来越多的阳光灿烂的快乐时光。

2

Chapter

对他人不再过度依恋——

九岁孩子的
人际交往

九岁孩子最大的特征之一就是其独立性增强，在感情上也表现得对他人不再过度依恋。尤其是对妈妈，九岁的孩子开始逐渐离开他的妈妈，感情的重心也由母亲转向了朋友。这时，父母应该做好面对、适应全新角色的心理准备，享受这难得的自由时间，把握好与孩子相处的尺度，对孩子进行合理引导。

1. 母子关系：对妈妈的感情依赖减少

　　九岁孩子最大的变化之一，就是他开始逐渐离开他的妈妈。在八岁的时候，他要妈妈陪他说每一句话，要吸引她所有的关注，要她时时刻刻守在自己身边。许多妈妈都向我们诉苦说，八岁的孩子简直就是对她纠缠不放。他不但更愿意妈妈陪她玩而不是自己找朋友玩，而且更希望得到妈妈完全彻底的关注。也就是说，他跟妈妈的关系，深厚而且充满索取。

　　现在到了九岁，先前孩子跟妈妈之间的纠葛消失了。这时候的孩子不但不再纠缠他妈妈，而且往往不再对妈妈的陪伴感兴趣，连跟她说话的兴趣也没有多少了。少男少女们都在长大，他甚至都懒得跟他妈妈顶嘴。八岁的时候，如果妈妈没有关注到他，他情愿去故意招惹她生气，因为哪怕是对他负面的关注也比完全不关注他要好得多。可是，九岁的孩子不再这样。如果这个年纪的孩子不愿意听从妈妈的要求，他不再跟她争执、抗辩，而是干脆退避三舍，即使没办法做到身体上的退避三舍，他也会在情绪反应上把自己关起来。他已经变得相当独立，不再根据妈妈细微的声音或者表情变化来修正他自己了。

妈妈们常常说她的九岁少年像是活在"云里雾里""神魂颠倒"。孩子只顾着忙他自己的，他有那么多的事情要做，结果就是他常常根本就没注意到妈妈在对他说些什么。妈妈有时候也会说自己的孩子仿佛"生活在另一个世界里"。通常来说，他似乎不是真的讨厌妈妈，即使有时候她要他做些他不愿意做的事情也一样。只是，他或多或少会不理睬她，除非他觉得她的要求对他来说有些道理。不过另一方面，有些男孩子虽然有时候也会跟妈妈很亲近，但常常会生妈妈的气，挑剔妈妈的不是，对妈妈粗鲁而无理，甚至刻意把自己的怨气撒到妈妈身上，拿她当撒气筒。

男孩子尤其反感妈妈对他收拾整齐以及保持干净的要求，以至于许多妈妈都发现如果她能降低一下整洁标准，减轻对孩子的压力，不那么坚持她认为必要的整洁程度，那么她能在这方面节省很多时间和精力。

九岁的孩子也会对妈妈有所要求，比方说希望她该怎么做、怎么回应他的要求。不过，和八岁的时候比起来，这些要求要合理得多，远不像一年以前那般专横而苛刻。如果妈妈没有完全达到他的期望，他也不再觉得特别失望。八岁的时候，他对妈妈应该怎么做、怎么说、怎么看、怎么感觉、心里怎么看待他等等，都有他的要求。但是现在，他的这些要求都宽松了很多。

假如妈妈意识不到也接受不了孩子身上新出现的独立气息，那么她很可能对孩子的事情插手过多。习惯了孩子需要她全部的时间和全身心的关注，如今这孩子忽然之间转身离开她，这也许会让她感到不安甚至失落。本来已经习惯了跟孩子一起做这做那，忽然间这孩子却变得总是搪塞她的陪伴，"我要跟鲍比出去玩"（要么就是跟贝蒂出去），妈妈真是有可能因此而感到十分落寞。

做妈妈的这时需要一定的时间来适应她的新角色。在尚未调整好自己之前，一个比较迟钝的妈妈可能会渐渐发觉，现在她若是想要落实某项具体要求，往往会花费很大的力气。很多妈妈在最终习惯了孩子对她完全不同的新态度之后，其实会感到很高兴，因为身上的担子更轻了。当然，忽然遭到孩子的"贬职"，有时候的确会让人感到一点不安。我们常常看到妈妈在无意识当中对孩子过于指手画脚，要求孩子做这做那，常常听到她在那里唠叨："你可能不喜欢我在旁边守着你，可是，至少我这么做能让你穿上你的套头衫，或者要你看完电影以后直接回家。"简而言之，在妈妈和孩子双方都能够适应新的母子关系之前，妈妈很可能过于多管闲事，而孩子则可能是满心疲惫地抵挡之。

其实，只要尝试短短的几个月，许多妈妈就能够明白，现在是她后退一步、松一口气的时候了，她应该既为自己新获得的自由而感到欣喜，也为孩子长大了不再过于依赖她、纠缠她而感到欣慰。孩子新滋长出来的独立性，从各方面来说，都是一件大好事。

现在最让妈妈感到能够自由了的地方，就是孩子放学后她不必立即出现在孩子的眼前了。九岁孩子大多可以自己带上一把钥匙，而且可以在一定的短时间之内自己照顾好自己。（但是，为了孩子的人身安全起见，也为了孩子的心理安全起见，这段放学后的时间最好不要超过一小时。九岁的孩子还没有成熟到真正能够照顾好自己的程度。）

2. 父子关系：对爸爸敬重，对来自爸爸的反应比较敏感

　　既然八岁的时候孩子跟爸爸的关系远不像跟妈妈之间那般纠结，那么现在到了九岁，父子关系跟母子关系的不同则完全没有什么好令人惊讶的了。不过，九岁时的父子关系跟八岁时相比，也还是有了一些变化。跟他和妈妈之间的关系相似，九岁孩子和爸爸之间的关系，也变得更少牵扯。孩子对爸爸的关注的索取，以及和爸爸在一起的时光，也比八岁时有所减少。（如果家中是爸爸当"家庭主男"，或者是爸爸监护孩子，那么八岁的时候，孩子会像大多数孩子跟妈妈的关系一样，把感情索取全都放到爸爸身上。现在到了九岁，他跟爸爸之间的纠葛与感情索取也自然而然地都会松弛下来。）

许多孩子对爸爸本人以及爸爸的工作变得越来越敬重。他们很多人都为爸爸的职业而感到很骄傲，更为自己是爸爸的孩子而感到自豪。

大部分的九岁少年对来自于爸爸的批评非常敏感；但是爸爸的称赞也能让他倍受鼓舞。男孩子因为和爸爸有了越来越多的共同乐趣，所以跟爸爸的感情也有了新的进展。以前不太对小小孩感兴趣的爸爸们，随着孩子渐渐长到了九岁，而且以后还会越长越大，父子之间的互动变得越来越密切。许多九岁孩子和爸爸的关系是前所未有的亲密，父子俩常常一起做很多彼此都感兴趣的事情。

和妈妈相比，九岁孩子虽然更在意自己的爸爸（他显然更容易"听得见"爸爸说的话），但是，因为他们的独立性不断增强，不论是男孩还是女孩，只要他觉得父母在那里"指手画脚"，都往往会拒不听从，这连爸爸也不能例外。

他们大都能够"接纳"自己的爸爸，当然也会批评爸爸的一些小毛病，比如他开车开得太快了，或者他不该吸烟。（现在孩子越来越看不惯父母吸烟，对这一点的批评比驾车偏快要更多。）

3. 父母和孩子之间的关系：父母要调整自己的全新角色

　　父母要调整自己的全新角色，孩子对家长的回应态度，不论对爸爸还是对妈妈，甚至是对爷爷和奶奶等其他承担家长角色的成年人，大都是一致的。某些地方孩子的回应比过去有了改善，但是某些地方则显得更加恶化。

　　其中，让父母觉得孩子比以前更为棘手的一个地方，就是他们需要跟孩子建立起来的全新的亲子关系，要调整自己做父母的全新角色。在此之前，成年人或多或少都居于孩子的上风，最起码也跟孩子处于不同的层次上，而这种上下关系成了目前很多问题的根源。孩子向来就会违抗和抵制家长之命，而如今这就更是一个不争的基本事实了。

到了九岁，很多孩子开始怀疑父母是否就真的永远正确，真的无所不知，无所不能。如果父母这时不够灵变，那么家长的规范很有可能跟同龄人之间的标准相冲突，因此，不少九岁孩子已经开始很认真地质疑父母制定的规矩是否正确。在这个年龄段，亲子之间有可能出现不平衡的现象，一头是父母与孩子的相处水平，另一头则是孩子的行为能力在这个年龄段的成长水平。如果这两方面的水平度相差太远，或者如果这两方之中没有一方愿意调整现有水平以求取平衡，那么亲子双方的战火在所难免。

虽然一方面有不少孩子现在很愿意和父母一起做不少事情，但是另一方面，尽管他还是个年幼的少年，也已经开始略微撤离出家庭的圈子了。九岁的孩子对自己与父母之间亲情关系的兴趣比以前大减，因此，父母切莫把自己的意愿强加于孩子，这一点十分重要。孩子需要而且向往长大，他想要更成熟、更独立、更脱离父母，而他的这一切，都应该得到家长的尊重。

九岁的少年尤其讨厌父母跟别人说话时用"我儿子"或者"我这小丫头"这样的字眼来称呼他。他也讨厌父母跟他回忆他小时候的事情，尽管以前他其实是蛮喜欢听的。他最为讨厌的事情就是他觉得父母还把他当小宝宝看待，因为在他自己的心目中，他现在已经长大成人了。即使是某些很合理的要求，例如要他整洁、干净、衣着得体，他也会往这方面想。你若是想要暗示他放低姿态听从你，他更是会非常不买你的账。有些九岁少年甚至根本不愿意在公众场合下"认"自己的父母，比如在参加学校活动的时候。（这种和父母之间的距离，随着孩子青春期的到来，将会越来越大。）

不过话又说回来，孩子变得越来越成熟、独立，也不仅仅都是苦恼。不少父母也告诉我们说"他越来越让人放心""越来越敢担当了""他做的很多事情都很棒""餐桌上的气氛很愉快"……许多家长都可以放心交给孩子一把家里的钥匙，让孩子放学之后自己回家（但是，前面我们已经提及，家长不可以让孩子单独在家的时间过长）。有些孩子已经可以真正帮忙做晚饭了。不过父母要明白，孩子的这种迸发式的成熟并不会持续太久，绝大多数孩子的这类最佳表现往往转瞬即逝。

4. 兄弟姐妹之间的关系：关系的好坏依据年龄而定

在这一个更加安静、更多思考的年龄段里，许多孩子和兄弟姐妹的相处比刚刚过去的八岁大有进步。他既有可能知道爱护弟弟妹妹，也会为哥哥姐姐感到自豪。

一般来说，如果父母要求他照顾非常年幼的弟弟妹妹，九岁的孩子往往会以他的安静而又细致的行为特征，把小家伙照顾得真的非常好。在这种情况下，他往往能表现得很宽容，八岁时对小家伙的苛刻和严厉已经不复再现。

然而，和年龄相近的兄弟姐妹之间，还是难免有很多冲突。他很可能会跟他们争执、吵架、打架，也会跟他们互相攀比、互相指责。

不过，一个很有安全感的九岁孩子，很有可能，至少也是某些时候很有可能，相当理智地接受他的兄弟姐妹有他所没有的特权或待遇这样一个事实。

朋友，对于典型的九岁孩子来说，那可是极其的重要。故此，从现在开始，女孩子也好，男孩子也好，他肯花在自己兄弟姐妹身上的时间会越来越少，因此和他们之间的矛盾也将变得越来越少。

当他和自己的同龄朋友在一起的时候，他弟弟妹妹的一些行为有可能会让他觉得非常尴尬、非常反感，甚至还会在心里埋怨父母没能把他们管束得更好一些。

九岁是一个非常在乎事情要公平合理的年龄段。这个时期的孩子可能会要求任何事情都要讲得明明白白（包括责备），如果他觉得别人对他的指责不公平，或者如果他觉得事情不是他的错，他往往会因此感到极其愤怒。他尤其关注"是谁先开始的"这一点。

有时候九岁孩子也会在自己的弟弟妹妹遇到麻烦的时候很"讲义气"，而且会在必要的时候站出来替那个陷入麻烦的孩子说话。

和十岁的哥哥姐姐在一起的时候，九岁的孩子有可能大部分时间都能跟对方和谐相处。但是，打架斗嘴那肯定是少不了的事情。如果两个都是男孩子的话，那更是要打成一团。相互取外号辱骂对方也很常见。

和十一岁孩子之间的摩擦，不消说那也肯定是在所难免，因为十一岁的孩子本身就和任何年龄的孩子都过不去。即使是十二岁的少年，也会很不待见自己九岁的弟弟妹妹，哪怕他仅仅是站在那里并没有招惹他。父母常常能听见十二岁的孩子来告状："他（九岁）打了我，而我却不可以打他。"

和十三岁的哥哥姐姐在一起时，他们的相处会和顺得多。十三岁和九岁都属于相对比较安静的、退缩的年龄段，这大约是他俩能够和谐相处的原因之一，他俩会彼此互不打扰。

如果哥哥姐姐已经十四岁了，那么他们之间可能又会有不少冲突。哥哥或者姐姐可能会嫌弃九岁的弟弟或妹妹打扰了他、惹了他心烦、插手了他的事情……十四岁孩子对九岁孩子的指责，恐怕使得九岁孩子跟他之间的争吵和打架比跟任何其他年龄段的兄弟姐妹都要多很多。

假如哥哥姐姐是十五六岁的大孩子，那么不论他们去年争吵得有多么厉害，现在父母大可以指望他们的相处能比过去和谐很多，甚至可能是"非常友善"的手足关系。

5.和祖父母之间的关系：祖孙情 谊更加深厚

　　孩子长到十几岁的时候和祖父母之间的距离感现在还尚未出现。相反，大多数的九岁孩子对祖父和祖母都充满了热情。而祖父母这时也会很为自己的孙儿感到自豪，很愿意跟小少年在一起，也很疼爱他们。孙儿辈的九岁孩子仍然很向往和祖父母相处的时光，而且也仍然认为祖父母会比别人更了解他的内心。

　　孩子往往知道祖父母会比较宽容，会更溺爱自己，而且他也会喜欢自己的祖父母甚过父母。

　　在说到自己的祖父母时，九岁的孩子现在不再像过去那样只知道说他们的衣着打扮、头发眼镜之类。现在他会跟你说他们在一起做的一些特别的事情，甚至能来几句相当广义的总结。比如说，一个九岁的男孩子这么跟我们讲述他的爷爷："他是一个非常好的爷爷，给我们带来了好多东西，陪我们一起敲打乐器，还带我们去不同的地方玩。他天生是块当头儿的料，解决问题很有能耐，甚至可以当一个好爸爸。"还有些孩子也会提到爷爷擅长说笑话。

有些女孩子这时仍然会说她喜欢奶奶的原因是因为奶奶会做好吃的，还给她礼物。不过更多的女孩对奶奶的描述已经比过去丰富得多了："我喜欢她，因为她爱我们""她很慷慨，也很理解我"。"和善"这个形容词，是九岁孩子用来描述祖父母的常用词汇。只要祖父母并不和孩子住在一起，那么祖孙关系往往非常和谐融洽。

拜访爷爷奶奶，对大多数九岁的少年来说都是很开心的一件事。

6. 家庭关系: 不同类别的家庭对孩子成长影响不同

　　一个孩子不论是在九岁还是在任何其他年龄段, 他的行为都主要受三个重要因素的影响: 孩子本身的基本性格特征; 他成长发育的成熟程度; 他成长的周边环境。毫无疑问, 在大多数情况之下, 家庭环境依然是影响九岁孩子行为的主要因素之一。

　　首先毋庸置疑的是, 假如一个孩子由亲生的双亲抚养, 那么不论妈妈是上班还是做家庭主妇, 这个孩子的成长环境一定跟单亲抚养非常不同。如今相当一大批的孩子由单亲抚养, 而这种不正常的状况现在比我们过去想象得还要多。

　　另一个家庭环境的重大差异在于家里有多少个孩子。一个孩子是家里的独生子还是好几个孩子中的一个, 不论是好处更多还是坏处更多，很显然这会非常不一样。

即使在同一个家庭里，随着孩子的成长，孩子能得到多少的关注，孩子在各个年龄段的特有行为能得到多少接纳，前后也有很大的差别。

假设，某一个孩子是老大，而且是父母想要的孩子，而且还幸运地成长于亲生父母的共同养育之中，那么，这一对父母很可能对孩子成长中的每一个新阶段都非常感兴趣（甚至是非常焦虑以及绝望）。再假设，另一个孩子是这家里的老三或者老四，那么他在不同年龄段的成长变化已经不再那么牵动父母的心了，而且他能够得到的关注和接纳也少了很多。

在成长过程之中，即使他行为模式的变化规律和家里的老大没什么两样，可是，因为他得到的关注远远低于老大，因此他的这些变化很有可能不再有谁为之心动。比如说他已经四岁了，会骂脏话了，可是他父母早就听到过了，再也没什么稀奇的了，更何况他们现在也不再有时间来仔细琢磨这件事情了。

还有一种情形，即使孩子幸运地成长于双亲家庭中，可是假如其中一方是继父母，由于很多继父母都面临着很多头疼的问题，至少在结婚的开头几年一定如此，因此，他们对孩子成长过程中的这些不同"阶段"的关注肯定比亲生父母要少。

现在，我们谈谈单亲家庭，从我们认为理想的双亲家庭环境中把爸爸抽出去，而单亲家长往往挣扎于既不够时间也不够金钱的困境中，为了能养活孩子已经疲于奔命了，又何能奢谈关注孩子在不同成长阶段中的不同行为呢？

那么，对一个典型的九岁孩子而言，家庭环境的不够理想可能会对他造成什么影响呢？由于这个年龄的孩子成长的首要任务之一是拉开亲子之间的距离，构建自己的独立自主的世界，那么，单从字面意义上理解，父母对他的更少关注应该没什么要紧的，但是我们并不认为事实真会是如此。

从一个有时间也有意愿爱护你、照料你、关注你的父母那里争取独立，这是一回事。从一个不但不在意你们之间的亲子关系，甚至都没注意到你已经开始离他而去的父母那里争取独立，则确实是一件寂寞而又无助的事情。

父母的传统任务之一，向来是扮演一个类似拳击沙袋的角色：如果孩子想要给予你的是爱、是亲情，那么你接受的就是爱和亲情；如果孩子在一定阶段需要独立，那么你就是他们抗争的假想敌。

毫无疑问，九岁的孩子，跟其他任何年龄段的孩子一样，只有当他足够幸运地拥有一对不但能够注意到而且能够理解他成长阶段的父母，才会成长得更好。

7. 朋友关系：重视友情，朋友已成为孩子世界的中心

当初孩子八岁的时候，妈妈是他整个宇宙的中心。现在到了九岁，这个宇宙中心则更可能是某个特别的朋友。正如早些时候他会把妈妈、老师，或者某权威人士的话奉为"圣旨"一样，现在的他则常常把朋友的话奉为"圣旨"："比力这么说的""比力这么认为"。不管从哪个角度来说，对九岁的少年而言，朋友的意见显然要比父母的话更为重要。

至少一部分的男孩子这时有了崇拜英雄的意识，而这个他崇拜的英雄，既有可能是他的爸爸，也有可能是跟他同龄的朋友。他也仍然会和八岁的时候一样，有一个"最要好"的朋友。不过，这在女孩子当中会更流行一些。

九岁的孩子很忠实于自己的朋友，也往往很佩服自己的朋友。如果朋友声称遭到了老师或者父母的不公平对待，九岁孩子会很替他打抱不平，不但想要出面保护朋友，还会替朋友担心，怕他因此而遭到什么伤害。如果他的朋友遇到了麻烦，他会毫不犹豫地伸手相助。不过，也有一部分孩子还是会跟他八岁的时候一样，并不热衷于跟别人建立这种亲密的友情，他更在意的只是在一起做的事情。大部分孩子都能和玩伴相处得不错，当然免不了还是会有些争执和纠纷。

这个年龄的男孩和女孩，都很不掩饰自己对其他孩子的喜欢与厌恶，而且有可能相当喜欢攻击他所厌恶的人，至少也是打嘴仗。有些男孩子可能会常常遭到跟他差不多年龄或者更大一些的坏孩子的欺侮。万幸的是，和一年以前相比，他对来自别人的嘲弄和威胁变得皮实得多了。如果别人对他欺负得过于厉害的话，他还是会回去找成年人帮忙。（到了十岁的时候，大多数孩子已经完全可以自己处理这类交往中的问题了。）

孩子在这个年纪往往对几乎所有跟他朋友有关的事情都很感兴趣，比如他朋友看些什么电视、晚上几点钟上床、需要帮家里做多少家务……女孩子晚上喜欢跟朋友一起消磨时光，一般是两个孩子互相做伴，有时候甚至是一起过夜。

男孩子之间喜欢来一些善意的打斗和摔跤，常常一边追打一边大喊大叫。女孩子们一般来说会安静很多，她们喜欢在一起咕咕笑、说悄悄话。

九岁的孩子往往很受他所属的小群体的影响。他会以同龄人，尤其是一群同龄人为参照，来界定自己。他需要跟自己的小团体处理好人际关系。虽然大多数孩子在生活中都愿意讨成年人的欢心，满足他们的要求，但是，同龄人对他来说才是最为重要的。九岁孩子的小团伙或者小俱乐部，和八岁比起来能延续得稍微久一些，而且也稍微有了一些组织结构。孩子可能组成一些种植俱乐部、废料收集俱乐部或者单纯的交往俱乐部。他们认认真真地商讨并计划该做些什么事情，而这些讨论常常可能代替了他们的活动本身。比方说，秘密俱乐部里的孩子，他们做的事情可能就是讨论一下秘密暗号，做一些初期筹备，分派一下任务，然后基本上就到此为止了。一些比较正式的、有成年人监管的俱乐部，例如童子军，则能够延续很久。

一个九岁的少年能有多少个朋友，是否容易交到朋友，在这一点上孩子与孩子之间有很大的不同。有些孩子非常善于交往，打个比方，哪怕你把他扔到沙漠孤岛上，他都能找出什么人来跟他一起玩。可是，也有些孩子则非常听命于

"老天的安排"，假如说他附近的街坊里有一些友善的孩子，那么他自然能顺利交上朋友；可是，如果街坊里没有什么孩子，而学校里的朋友又不住在附近，那么要让他走出去找朋友则是一件很不容易的事情。

正如同孩子其他方面的行为一样，我们也把孩子对友情、对找朋友的需要跟他的体形结构联系起来。（译者注：有关长形孩子、方形孩子、圆形孩子的详细讲解，请参照这套书的《你的7岁孩子》第9章。）根据体形结构，瘦削的长形孩子往往很可能只有一个关系密切的朋友。他很难有许多熟人，而且假如他没有任何朋友的话，他也可以自己过得很自在，沉浸于他自己的追求之中。这类孩子的父母常常很为孩子没有朋友而发愁，而且总觉得没有朋友不是个事儿，这要么是他们没有尽职，要么是孩子自己的不是。可是如果你问问他们自己，他们却也常常会承认，其实自己身边也没有什么朋友，而且他们也很享受自己的独处。

另一种孩子是方形孩子。高中就不用说了，哪怕是在低年级的小学生当中，最受人欢迎的男孩子和女孩子也都往往是那种肌肉发达、体格健壮的孩子。这种孩子很善于和他人相处，而且很容易受到不太成熟、不太有能力的同学的敬仰。他在体育方面的非凡能力使得他很有人气。他的体格魅力更是让其他的孩子对他由衷佩服。更何况这样的孩子常常在交往方面显得比较成熟。他也喜欢做孩子王，承担这样的角色对他来说很自然而且很容易。

还有一种体形结构的孩子也很容易交结到朋友，这就是圆乎乎、肉乎乎的圆形孩子。这样的孩子很喜欢别人，既不怎么指责别人也不怎么要求别人，而且还乐意听从别人的指挥。这自然使得他让别人觉得十分容易相处。他往往会真心实意地喜欢、钦佩自己的朋友。在大多数情况下，这孩子看来既没有意愿跟别人争执，也没有意愿提出任何质疑，更不会想到要坚持自己的观点。

如果孩子没什么朋友，父母往往可能想要介入到这件事情当中，尽自己的所能鼓励孩子去跟人交往。可是，接纳孩子如他所是，至少在合理的范围内接纳他，这一点非常重要。没有朋友，这已经够孩子为难的了。如果这时父母还要上前纠缠，逼迫他出去，敦促他去做点儿什么，那就更难为孩子了。

3

能有效进行自我控制——
九岁孩子的日常作息
与紧张宣泄

　　九岁的孩子已经掌握了基本的生活能力，饮食更加平衡，能够自觉就寝，睡眠质量也有所提高，洗澡穿衣更是得心应手。但是如今，由于环境污染和抗生素的副作用，孩子的发病率在不断增加，家长们更应该重视孩子的饮食健康和营养均衡。九岁孩子的自控能力提高，宣泄紧张情绪的方式比以前温和了许多。但是，家长们也要保护好孩子，帮助他们远离、抵制危险的宣泄方式。

1. 饮食

❖ 整体特征: 饮食更加平衡, 用餐礼仪大有进步

九岁孩子的食欲, 和八岁比起来有节制多了, 他现在更懂得克制自己, 饮食也更加平衡了。能吃的孩子现在不再像先前那么贪吃, 不能吃的孩子也有了改善。不过, 尽管他可能吃得没有去年那么多, 但是, 他对食物的惦记却比以前更多了。比如说, 有些孩子很喜欢翻阅烹调书, 或者喜欢帮厨, 放学回到家的第一刻他所想到的事情就是找点儿什么东西来吃。

这个年龄的孩子越来越有意愿尝试新的食物了, 哪怕是

不喜欢的食物他也常常愿意尝试一下。但是，特别厌恶的东西他还是不肯尝试。大多数的孩子都有不错的食量，所以父母也往往能对孩子更满意一些，吃饭时的不满与唠叨总的来说少了许多。例如有一个妈妈就对我们相当平和地说："强迫他吃西蓝花也不是个办法。"

大部分的九岁少年这时候仍然更喜欢简单食物。有不少孩子倒是能够接受炖肉汁了，可是他还是不喜欢吃灌肠、炖菜以及肉食上的肥膘。如果改变习惯性的烹调方式，换上不同的做法，孩子也有可能变得不肯吃。（译者注：这是在美国，烹调方法和中国非常不同，因此美国孩子的这些好恶，跟中国孩子相比有可能完全不同。）大多数的九岁孩子都还不是勇于尝新的小吃客，但是他们大都急切地等待餐后的甜点，而且吃得心满意足。不幸的是，许多孩子也很爱吃垃圾食品。

孩子在餐桌上的仪态这时候又有了新的进步。

使用餐桌上的餐具，九岁的孩子已经可以说是驾轻就熟了。很多孩子都可以使用餐刀切食，当然也有少数孩子需要帮忙，要么就是把切的动作变成了拉锯的动作。用勺子、叉子的时候，他也很少用手指头帮忙了。和八岁的时候一样，如果不在家里吃饭，孩子的餐桌礼仪会得体很多。不过即使是在家里吃饭，他在餐桌上的仪态也有了进步，算不上糟糕。孩子知道他应该怎么做，尽管他有些时候还是做不到。九岁的孩子已经很清楚哪些动作不符合餐桌礼仪，虽然他自己不见得都能做得很好，而且他可能很清楚自己什么地方做得不合规矩，甚至会拿一只眼睛偷偷瞄一眼爸爸，看他是否打算责骂自己。也有些孩子能表现得非常得体，很值得父母夸赞。他的咀嚼动作变得更有技巧，很少还会张着嘴巴嚼东西。把叉子叉得满满的、在餐盘里玩弄食物、狼吞虎咽等这类动作，也都少了很多。在我们的访谈中，不少孩子表示吃饭时没有谁再"提及"他的吃相。有些孩子用餐时甚至可以把说、听、吃结合得相当不错。当然，也还有些孩子话太多，而且会在别人说话时插嘴。

餐巾的使用，九岁孩子比以前好多了。大多数孩子现在至少肯在开始吃饭时把餐巾铺到大腿上了，虽然他也承认餐巾还是会常常滑落到地板上。不过，现在孩子的吃相已经比过去有了很大的进步，所以其实也不再像以前那样真的很需要用餐巾了。

当然，尽管九岁孩子在餐桌上的仪态比过去大有改善，有些父母甚至告诉我们说家里餐桌上的氛围因此而大有改进，但是，仍然有些孩子还是会因为吃相很糟糕，或者对端上餐桌的食物横加指责等行为而在餐桌上遭到父母的申斥。

❖ 个体差异：体形对孩子食欲的影响

有一点对任何父母来说都很重要，那就是一定要明白，对食物的好恶，不同孩子之间的个体差异往往是天壤之别，因此，孩子到底能吃多少，能吃得多"好"，父母很需要调整自己的期望值。有的孩子，我们称之为圆形孩子，也就是那些肉乎乎、圆乎乎的孩子，非常能吃，他活着就是为了吃，也总在不停地吃，仿佛永远吃不饱似的。他即使在不吃东西时嘴巴也不肯闲着，总要嚼些口香糖之类的东西。他喜欢想到吃的东西，喜欢谈论吃的东西，对烹调也很感兴趣。当他遇到困难或者事情不顺心的时候，他也会去找吃的。这样的孩子你几乎永远不需要操心他吃东西，实际上，让父母感到棘手的，不是该怎么劝他吃东西，而是该怎么限制他吃东西。这样的孩子往往有过于超重的问题，因此父母要有意限制孩子的饮食。

和圆形孩子完全相反的极端，是瘦削的长形孩子。这样的孩子常常是个对吃最不感兴趣的人，他虽然瘦但是体重却仍然在正常范围内。这类孩子的父母往往很不必要地愁得要命，总担心孩子吃的那点点东西够不够他活下去。但是，对这样的孩子来说，事实却往往是他不但对食物真不感兴趣，而且也真不怎么需要。只要孩子看起来不是病病恹恹的，而且儿科医生也认为你不需要担心孩子的饮食，那么父母最好不要成天叨叨着要孩子吃东西。要确保给孩子提供相对合理的食物，保证饮食平衡，但是不要指望孩子一日三餐都能吃得"好"。你最好尽量不要去担心孩子能吃进去多少，唠叨得越少，就越对每个人都更有好处。

❖ 预防过敏食物，把握营养平衡

在大多数情况下，量不是太重要的事情，更重要的是质量。孩子的另一个特别重要的个体差异，就是针对不同的食物，有的孩子能接受得了，有的孩子则接受不了。如今，大多数父母都应该很关注孩子的饮食营养，而且会格外用心地确保孩子每天至少能从下面这4种基本食物组成中摄取食物：水果和蔬菜、碳水化合物、蛋白质和乳类产品。

如今，不仅仅是儿科医生，就连家长也对整个营养领域了解得越来越详尽了。人们越来越意识到许多孩子对某些食物相当过敏。现在几乎所有人都知道，如果某种食物、饮料甚至药物，会导致孩子打喷嚏、气紧、呼吸困难，甚至当场晕厥，那一定是对孩子很不好的东西。但是，最近人们才又注意到了另一个问题（而且直到如今也不是每一个人都能认同的问题），那就是有些令孩子过敏的食物，也能导致孩子的行为出现问题。

许多孩子其实接受不了某些很常规的食物，例如牛奶、柑橘、奶酪、巧克力、面粉制品以及最少不了的东西，糖分。吃这些东西有可能会使得对其过敏的孩子感到身体不舒服。更微妙而且更糟糕的是，这些食物也会导致孩子的行为出现问题。尽管不是每个人都能接受这一观点，但是现在大多数人都已经明白，有些令孩子过敏的食物可能导致孩子过度亢奋、学不进去，或者出现其他一些不良行为。（译者注：《你的4岁孩子》的第6章，"警惕食物对孩子行为的影响"这一节，对这一问题有更为详细的讲解。）

虽然有的食物某些孩子会因为过敏而接受不了，可是也有些食物或者营养增补剂（维生素、微量矿物质以及其他微量物质）则是为保障孩子身体健康所需要补充的。如何恰到好处地把握孩子的营养平衡，也就是如何避开有害食物，增补有益食物，这是一件很需要动脑筋的事情。这并不容易做到，但是，我们仍然有不少家长，在医生的指导下，在自己的努力尝试之下，做到了这一点。而他们得到的回报，是发现孩子整体上来说不但不良行为大大减少，而且孩子本身也变得更健康、更快乐了。

2. 睡眠

❖ 整体特征：自觉就寝，睡眠质量提高，起床时间更有计划性

就寝，对大多数的九岁孩子来说，已经不再是一个大问题了。但是，如果他认为你要求他上床的时间太早了，或者是觉得其他孩子拥有他所没有的特权（例如，"别人都没有这么早上床"），那么他还是会抗拒。

尽管九岁的孩子完全知道什么时候该上床睡觉，而且电视节目也让他很清楚现在是几点钟了，但是，他仍然需要你提醒他到时间该上床了。晚上九点是这个年龄的孩子上床就寝的惯常时间。

大部分孩子都比较愿意上床，不过不少孩子上床之后喜欢读一会儿书。有些孩子已经可以不再需要父母进屋去帮他掖掖被窝了，当然也有些孩子仍然愿意父母去跟他道个晚安。大多数孩子都能在十点之前入睡，如果孩子到了十点都不愿意关灯、关收音机，那么你需要给孩子施加一点点"父母威压"。

夜间的睡眠通常都比较安静，只是有些孩子会做些很可怕的、很烦恼的噩梦，极少数孩子还可能会被噩梦惊醒而尖叫。如果真被吓醒了，九岁的孩子一般来说都很容易安抚。

许多九岁的孩子会在大约九个小时的睡眠之后，第二天早上七点钟自然醒来。极少有孩子需要用闹钟来吵醒自己。不过倒是有一些孩子会把闹钟上得格外早些，这样他可以有时间在吃早饭之前做些自己喜欢的事情。有的孩子会预先计划好早晨要做的事情，比如读读书、看看电视、做点什么事情，甚至练习练习乐器。

❖ 个体差异：不同类型的孩子在睡眠速度、质量上存在很大的差异

有些父母可能为孩子的睡眠发愁，比如有的孩子晚上很难入睡，以至于睡眠时间太少。我们要明白，每一个人对睡眠的需要以及睡眠的习惯有很大差别，这一点非常重要。以

成年人来说，有的人每天只需夜间五个小时的睡眠就已足够，可也有的人需要八个小时甚至九个小时才能睡得足。固然，在睡眠方面成年人的个体差异会比孩子的个体差异更为显著，但是，孩子也一样有很大的个体差异。

例如在入睡速度上，不同的孩子之间就可能有很大的差异。有些很幸运的孩子头一挨到枕头就能睡着，比方说像那些健壮的方形孩子。肉乎乎的圆形孩子也能很快入睡，他往往特别喜欢蜷着身子躺在被窝里，不需多久就能睡着。然而，长形孩子，也就是那些长得比较瘦削的孩子，往往入睡最为困难。这些孩子似乎特别抵触任何的变换与转换，因此，从晚上由醒着转换到睡着，到早上由睡着转换到醒来，对他们来说都很不容易。

这样的孩子往往要在床上躺一个小时甚至更久才能入睡。这其实不会对孩子造成什么伤害，但是，如果他总是为自己睡不着而苦恼，那就不一样了。有些孩子会读读书（不论父母是否同意），有的则会听听收音机，以打发这段睡不着的时光。到了早上，这样的孩子往往需要父母提前唤醒他，因为他需要多晕乎一会儿才能起来应付早晨该做的事情。他做不到像长得比他更为壮实的其他兄弟姐妹那样，可以立即就完全清醒过来，蹭地跳下床。

3. 洗澡和穿衣

❖ 洗漱不再需要父母的介入

　　大多数的九岁孩子要么很抗拒洗澡，要么很喜欢洗澡，平均来说一个星期能洗三次澡。洗澡的时候孩子大都已经可以自己照顾自己了，不过有人稍微监督一下会做得更好，如果妈妈能陪伴在身边，他会很高兴。一旦进入澡盆之后，孩子大多喜欢浸泡在温暖的水里，但是通常来说，在澡盆里玩水什么的已经比一年以前要少得多了。

　　九岁孩子也大多需要你提醒他刷牙，而且提醒他仔细刷牙。饭前洗手也可能仍然需要你提醒，不过通常来说他会自然地接受你的提醒，就仿佛他早就打算要去洗手，只是后来忘记了而已。

❖ 穿戴更加得体，但是仍然不注意整理衣物

　　和八岁的孩子一样，九岁的少年不但完全有能力自己穿戴整齐，而且有能力根据气候或者场合的需要挑选他认为合适的衣服。如今他们大多都能比以前更好地完成收尾工作了，比如说，扣好扣子、拉上拉链、衬衣掖在裤子里扎整齐。衣服上如果有了破洞和裂口，和八岁的时候相比，他会更及时地报告妈妈，有的孩子甚至还会要求妈妈一定要把破洞补好。

　　晚上脱衣服的时候，九岁孩子的天性仍然是往往把衣服随手一扔就好，不过，现在他们大多数已经肯听从要求把衣服放到一张椅子上了。另外，九岁孩子大多还不能做到每次都到把脏衣服放到洗衣篮里，而且，实际上他们大多还不能很好地判断一件衣服应该算是脏的还是干净的，因此，为了图方便孩子常常会顺手把昨天的衣服穿上。他也更喜欢旧衣服而不是新衣服，男孩子尤其如此。

　　九岁孩子脱下外衣只穿户内衣服之后，很难记得住要把外衣挂起来。一回到家中，他往往随手把身上带回家来的东西全部扔到客厅里最靠近大门的某张椅子上，要不就干脆胡

乱一扔。如果你提醒他把东西挂好，他通常都会顺从，而且，你如果采用一些措施来提醒他的话，他也会做得更好，比如说，如果他忘记了应该把东西挂起来，那么每件衣服要付你多少钱之类。

孩子对买衣服的兴趣略有增加，不过，不少孩子仍然对妈妈从商店里带回来的东西大体上满意，尤其是如果衣服上的品牌是他学校里或者街上的流行品牌，那就更没有意见了。

4. 健康状况与身体疾病

❖健康状况整体良好，身体不适有时和心情相关

总体而言，九岁少年的健康状况非常好。比如说，如果感冒了的话，他仍然能迅速康复。不过，假如孩子以前患过中耳炎、肺炎、肾炎并发症等，则有可能在八九岁期间复发，而且有可能要卧病相当长的一段时间。风湿热、腿疼、耳朵以及喉咙不舒服的概率有可能略有增加。

有的孩子明显十分疲倦，你需要提醒他不要做得太累。另外，如果九岁孩子觉得某件事情"太难了"，他往往会抱怨这儿疼那儿痒，他眼睛酸了、他的手受伤了、他的胃疼了，诸如此类。

这种抱怨往往真的伴随着身体上的不适。不过，留意到这样的疼痛和他不愿做的事情之间常常很有关联，倒也是一件挺有意思的事情。孩子的眼睛常常在他参加考试或者需要写作业的时候疼起来；他的手常常在练琴的时候疼起来；他的肚子常常在他应该扫地或者耙院子的时候疼起来。到了该洗碗的时候，他又常常忽然内急，要赶紧跑厕所。孩子所有的这些抱怨，一方面我们应该予以合理的尊重，但是另一方面我们也要知道这就是九岁孩子的特点，是他遇到让他感到不那么愉快的情形时的通常表现，而且通常来说这并不会是身体疾病的危险信号。

然而，父母至少应该对孩子这类身体不舒服的申述表示关注。如果他说读书读得眼睛累了，这里的确有值得注意的地方。如果他告诉你说，他看彩色电视的时候感觉疲倦，但是看黑白电视却不会这样，那么，你就更有必要去查找一下原因了。当他感到过于劳累或者压力过大的时候，九岁的孩子往往能够觉察到他身体内部的反应症状。

他有可能跟你说，"里面狠狠地摇来摇去"，或者他"觉得里面怪怪的"，要不就是有什么东西让他"感到有些晕乎"，毫无疑问，孩子是真的感受到了这些不适。要倾听孩子，但是也不要太把这些病痛当回事。让孩子看到你关心他，但是切莫鼓动孩子耽于其中拔不出来。九岁的孩子往往很担心他的健康状况。你不应该漠视孩子的不适，该查明的要查明，但是也不要跟着孩子一起担心。而且你还需要知道，有些身体上的不适会跟情绪上的因素有关联。举一个例子，某个孩子有一次胃疼得很厉害，却原来是他父母把他养的鸭子杀了，还端到了晚饭的餐桌上，完全没有体谅到孩子那时的心情。

❖ 由于环境污染和抗生素的使用，身体的发病率增加

关于孩子的健康，有一个方面已经越来越引起人们更多的关注了，那就是孩子患病的概率比过去更高了。在许许多多的家庭里，孩子们一场病接着又一场病，医生们也感到奇怪"这究竟是怎么一回事"。

毫无疑问，这其中有很多原因。但是，其中的一部分原因，在于我们的环境污染越来越严重，学校里的教室没有了窗户，食品中的人工色素和人造味素越来越多，很多可以直接吃的食物却要加工到实际上几乎失去了所有养分的程度。还有一个关键就是，如今对抗生素的使用越来越频繁，这也是孩子越来越多病的根本原因之一。

这可能会让你觉得很奇怪，因为抗生素毫无疑问非常有效，甚至能救命，当然，这是在我们需要的时候。可是，每使用一次抗生素，孩子身体里的"友善菌"都会被杀掉一些，从而给身体里的"有害菌"（也就是致病细菌）一个机会，蓬勃发展。

毋庸置疑，假如你的孩子患了"链球菌"咽喉炎、细菌性肺炎、脑膜炎等等，他一定需要使用抗生素来帮助他身体里的免疫系统和病菌作战。但是，如果孩子只不过是受了凉、患上了流感，那么抗生素这时候起不到任何作用，因为孩子感染的病因是病毒而非病菌。而且，使用抗生素，尤其是反复使用，会促进身体内的有害菌群以及其他有害物质的过度生长。

希望你能够遵守医嘱，如果真的需要使用抗生素，那么请你按照医生的嘱咐正确服用。

5. 紧张情绪的宣泄

❖整体的宣泄需求减少，但也有明显的个体差异

九岁年龄段的孩子，和八岁的时候相比，对宣泄紧张情绪的需要少了许多；而且，宣泄紧张情绪时的强烈程度，也减弱了不少。极少还有孩子这时候仍然吸吮他的大拇指，即使是最顽固的"拇指癖"也吸吮得越来越少了。那些仍然依赖于大拇指的孩子，对父母在这方面的限制要求现在一般都相当配合，对牙科医生的要求更是言听计从。

如果碰到了糟糕的事情，九岁孩子往往会以吼叫、嘟囔、生闷气或者找碴儿等做法来宣泄他的苦恼。不过通常来说，在这个年龄段的孩子所需要的情绪宣泄，和八岁比起来有所

减少。即使他需要宣泄，也不再像八岁的时候那样主要靠全身性的大动作来宣泄。九岁孩子最为典型的情绪宣泄途径，往往是通过手指的一些细微的小动作来宣泄。比如说，拨弄拨弄什么东西、在桌面上敲敲手指头、抠抠蚊虫咬过的地方、挠挠自己的头发或者随便身上什么地方、摆弄几下自己的脚丫子等，再有就是晃晃腿、跺跺脚。

男孩子会借跟别人扭打摔跤来宣泄心中的怒气，女孩子则更可能在家里来回地晃悠，焦躁不安而且喜怒无常。孩子显得如坐针毡，手里胡乱折腾些什么小东西。在学校里，许多焦躁不安的九岁学生可能会在桌面上敲敲手指头、深吸一大口气、把嘴唇或者脸颊吸进口腔里去，要么就可能是哼哼曲、唱唱歌、吹吹口哨、说说悄悄话等。在考试考砸了或者老师交代的任务太难的时候，许多孩子会显出一脸苦相。

在这个年龄段里，孩子宣泄紧张情绪的方式有非常明显的个体差异。有的孩子仍可能做出些比较大的动作来，比如一只手使劲拍自己的脑袋；有的孩子则用些很细微的小动作，比如拧拧自己的眉头。不论是他宣泄紧张情绪的方式，还是他的其他方面，九岁的孩子都更是一个独特的自我个体，而并非雷同于他的同龄人。

❖ 要保护好孩子，帮助孩子远离、抵制危险的宣泄方式

另外，家长可能非常难以想象得到，这么年幼的孩子居然也可能会需要一些更为严重的宣泄方式，甚至是成年人的宣泄方式；然而不幸的是，这类成人的宣泄方式很多已经离我们的九岁孩子不远了。我们针对全国各地的上千名十岁少年所收集的统计数据表明，调查结果十分不乐观。我们的问卷之中，问及同龄人中有多少"你"认识的"其他孩子"吸烟、酗酒、吸毒，53% 的孩子回答说他知道有人吸烟，36% 的孩子说他有的同学酗酒，还有 13% 的孩子说知道他身边某些同龄人吸毒。

不论这些孩子应答的时候有没有夸大事实，这些数据都很清晰地告诉了我们：这些恶习和有害物质正朝着非常年幼的孩子渗透。在加利福尼亚州，九岁的少男少女们发起了一个"我们说不"的俱乐部，以激励所有的九岁少年抵制毒品。据报道，这样的俱乐部如雨后春笋般遍及全国各地。（而且，在我们近期的访谈之中，甚至听到了四岁的孩子对他奶奶说："如果有人要送给我毒品，我会对他说'不'。"）毒品正朝着越来越年幼的孩子渗透，我们必须面对这个事实。作为孩子的家长，我们不但应该警告自己的孩子，而且还要有相应的保护措施。

4
Chapter

"因材施教""因时制宜"——

九岁孩子的
管教方式

任何形式的管教都可能涉及一定程度的惩罚，但是我们倡导成长派管教方式，这要求家长首先要根据孩子的年龄特点以及他的具体情形来确定对孩子的期望值是否合理，然后再决定是否对孩子进行管教。由于九岁孩子存在较大的个体差异和极大的不确定性，所以对这个年龄段孩子的管教一定要利用其特点"因材施教""因时制宜"。

一说到"管教"这个词，很多人想到的其实都只是惩罚。毋庸讳言，任何形式的管教都可能涉及一定程度的惩罚。虽然有一部分心理学家坚信，最能有效地影响孩子行为的方式，是奖励孩子做得好的地方，并漠视孩子做得不好的地方，但是，这种方式在许许多多的家庭中并没有多少实用性。

一方面，当事情完全失控的时候，许多家长本身就有一种要狠狠惩罚孩子的感情冲动；另一方面，假如一个孩子不论行为多么糟糕，都从来没有在家里遭到过惩罚，那么，这孩子对这个真实世界的看法很有可能相当失真。

1.三种不同的管教理念

不消说，这世上有很多种不同的管教理念，而且，有不少家庭根本不讲究什么管教理念，而只信奉"胡萝卜加大棒"。很久以前，许多成年人甚至还认为，对孩子只需要看管好就行，不需要在乎他们的感受。他们对孩子的态度就是：你最好乖乖听话，否则的话……

❖纵容派和权威派管教理念

现如今，按照所谓的纵容派以及权威派的不同观点，家长似乎分成了两大派别。纵容派的家长，受弗洛伊德的深刻影响，生怕伤害孩子稚嫩的心灵而完全不敢惩罚孩子。这类家长之所以被贴上了纵容的标签，就是因为他们纵容孩子的几乎任何行为，从不加以任何惩罚。与此相反，权威派的家长，则坚持非常严格的管教。孩子该做什么，该什么时候做什么，都得由父母说了算，任何违规行为，或者但凡孩子达不到父母的要求，都要遭到惩罚。

❖ 成长派管教理念

而第三种基本管教理念，也就是我们自己的观点，叫作成长派管教。这要求家长首先要根据孩子的年龄特点以及他的具体情形来确定对孩子的期望值是否合理。假如一个孩子因为太年幼而不可能达到父母的要求，那么父母不应该因为孩子的能力尚不够成熟而惩罚孩子，甚至不应该责怪孩子。但是另一方面，假如父母有足够的理由认为孩子已经足够成熟，足够有能力达到他们期望的要求，但是孩子却没有那么去做，那么父母应该考虑给孩子合理的惩罚、训斥，或者至少也要跟孩子一起讨论一下，拟定一个如何能做得更好的改进计划。

孩子尚在襁褓之中的时候，若说要做到能够尊重孩子的幼弱无能，这对父母来说并非什么难事。正如阿诺·格塞尔博士所说过的那样，没有谁会因为一个小宝贝只会爬而不会走来惩罚他。如今，大多数人都不再因为一个三岁孩子偶尔把屎尿屙到裤裆里而惩罚他。但是，如果事情涉及更"严重"的行为问题，经验不够的父母则往往错误地以为，只要孩子愿意去做，只要孩子真的肯努力，他就一定能做得到。因此，许多父母这时会惩罚孩子，殊不知孩子做得不够完美，有时候真的是因为孩子尚不够成熟，而并非因为孩子调皮捣蛋。若是这样的惩罚，我们认为对孩子很不公平。只有父母能够理解和尊重孩子的不够成熟，孩子才可以免遭不恰当的惩罚。

因此，一个依照孩子成长状况为管教依据的父母，不会因为四岁孩子撒谎或骂粗口而惩罚他；不会因为六岁孩子说"我不干"而惩罚他；不会因为七岁孩子不肯收拾自己的房间而惩罚他。假如孩子的行为让你感到失望，你当然应该告诉孩子，你感到失望，而且当然应该激励他去做得更好。你还要把应该追求的目标对孩子解释清楚，比如，要为别人着想、要诚实、要整洁、要听话……与此同时，你还需耐心等待孩子成熟。

很显然，一个人针对孩子在特定的年龄段应该有哪些行为了解得越多，那么他对孩子的期望值也就越客观。如果孩子比大多数人成长得更快一些，在许多不同方面都更早地具备了相应的行为能力，父母自然会因此感到十分欣慰；但是另一方面，如果能对孩子一贯偏缓的成长进程有一定的了解，这也必将有助于父母更耐心地等待孩子成长。

2.受个人生活背景、环境影响的管教方式

尽管许多家长都不认为自己讲究什么管教理念，但是绝大多数人其实都有他自己的管教模式，只不过没能说得明白而已。不过，在大多数情况下，这种管教模式是养育过程中自然而然形成的做法，而并非是你原本曾认真打算要那么去做的。这主要由你的性格特点、你的生活方式、你和配偶之间的关系、你总体上怎么看待孩子以及你怎么看待你个人的孩子等诸多方面的因素决定的。

如果你很幸运地生活在一个舒适、幸福的家庭之中，那么你的管教方式很有可能相对更为合理、奏效，而且不太心狠。假如你的家庭生活并不幸福，那么你对孩子的管教则一

定不够合理，既不讲究一致性也没什么实际效果，而且往往更心狠。儿科医生桑福德·马修斯在他的著作《穿过做母亲的迷宫》一书中指出，他遇到不少因为对孩子的管教糟糕至极而满心苦恼的母亲，因为这些妈妈管教孩子的着重点，是为了使自己的日子能更好过一些，而并非注重她们与子女之间的亲子关系。

无论你的个人观念是什么，也无论你的家庭环境如何，如果你能够切实了解你的孩子在特定的年龄段里会有些什么行为及能力，这必将有益于你对孩子的管教，因为你的了解无疑能使得你的要求和期望更为合理。

3. "因材施教""因时制宜"，
选择最有效的管教方式

在这里，针对一个比较典型的九岁孩子，大体上来说一下你能够对他有些什么样的预期。我们从以下几个方面做了一个总结：孩子对你的指令会怎么回应；他对好与坏的看法；怪罪他人、开脱自己的程度以及他的道德意识。

❖ 对指令、惩罚、奖励的回应

对一部分孩子来说，九岁堪称一个反抗权威的年龄。不过，也有些九岁孩子的抗拒方式只是他的退缩，面对你给他的指令，他充耳不闻、视而不见。也有的孩子会嘟嘟囔囔地一通抱怨，但还是会按你的指令去做。孩子的这些抱怨、抗拒以及焦虑，会随着他向着平和的十岁越走越近而逐渐消弭。

这个年龄的孩子大多数都可以暂时停下他正在做着的事情来应答你的要求。至于这一要求能否得到孩子足够的关注，则要看孩子是否有兴趣、有意愿来完成你的指令。而且，因为九岁的幼稚心理，他常常会往后推了又推，然后就忘记了，因此针对九岁的孩子，你仍然需要给出相当详细的要求，而且如果他没有立即去做的话，你需要再三提醒。实际上，大多数的九岁孩子不难管教，但是需要你反复不断地提醒他。

总的来说，孩子的顶嘴与抗辩比八岁的时候少了许多。如果孩子不高兴你给出的指令，他可能显得闷闷不乐，也可能有意作对，甚至跟你蛮不讲理；但是，如果他没什么好不高兴的话，则通常可能会顺从你的要求。

孩子虽然会喜欢你的表扬，但是他更希望得到你对他的成绩中肯的评价。如果孩子不肯从命，那么你取消某些他在意的东西或者活动，通常足以让他回到正轨上来。暂时隔离对有些孩子也会有效果。他可能对你的惩罚显得十分"恼火"，说这是"倒霉""不公平""真是背运"。不过，大多数孩子比八岁的时候更能够接受你的批评，尤其能接受你措辞比较讲究的话。九岁孩子的行为往往在两个极端之间来回摇摆，比如他可能一会儿自作主张请朋友来家吃饭，一会儿却又为了一点鸡毛蒜皮的小事来请求你的许可。

在回应成年人的指令时，我们发现，六岁的孩子会说"我不干"，七岁的孩子会说"我不做不行吗"，八岁的孩子会说"好吧，既然你这么坚持"，而九岁的孩子则会说"行啊，好的"。

❖ 讲道理

大多数九岁孩子都比较容易打定自己的主意。有些孩子也会因为一定的道理而改变他本来的决定，只不过，并不是在所有的情况下都能如此。

❖ 对好与坏的看法

九岁的孩子对好与坏的看重程度，和八岁的时候比起来，显得不那么强烈了。大多数的孩子现在想得更多的是对与错，他想要把事情做得正确，如果做错了的话他会感到羞耻。很多孩子在做错了事情之后已经能够表达歉意了。另外，九岁的少年对"公平"这个字眼非常看重,而且尤其在乎父母以及老师是不是公平。至于对他所遭到的任何惩罚,他更是格外在意那是否公平。他同样希望别的孩子也能对他做到公平相待。

同龄人的规矩现在比父母的规矩更为重要,尽管他也知道他不得不尊重后者。他还喜欢去评价其他孩子的行为:"他是(不是)一个运动方面的好手。"如果哪个孩子不按照他们的规矩行事,会遭到其他孩子的鄙视。大部分的孩子不但对别人很苛刻,对自己也很严格。

❖ 怪罪他人与开脱自己

既然他有如此强烈的公平意识,这个年龄的孩子希望别人在指责他的时候,能够公平地只针对他那一部分的不是。因此,九岁的孩子很看重到底是谁先挑起的事端。他会试图为自己的行为辩白,也会竭力讲道理、做解释,以图能解决问题。

有的孩子能够做到接受别人的指责而且表示道歉:"是我做的,对不起。"他甚至有可能为自己的错误感到很羞愧。但是,如果别人的指责是子虚乌有,他则会为此非常生气。

大多数九岁孩子都很善于开脱自己，能够在尴尬局面之中为自己做的错事找到借口："是他打扰了我。"也有不少时候他会拿别人当撒气筒，比如他在受到了伤害的时候，很可能朝在他身后的某个人踹一脚。可是另一方面，许多孩子这时已经有了自我批评的意愿："我也会那么干的！"

❖ 真实与诚信

针对自己在道德方面的不当行为和失误，九岁的孩子通常来说都相当诚实，因此，父母的管教这时变得容易了很多。至少这时候家长不必再跟他绕来绕去以图挖掘出事情的真相。

尽管在大多数情况下一个活泼好动的八岁孩子会是一个诚实可信的孩子，不过有的时候他的确会滑入不那么诚实的胡吹海侃之中，还有的时候会悄悄拿了家里的钱去买他想要的东西。而九岁的孩子却会在这两方面都有了明显的进步。可是，假如他的朋友说了谎话，他仍可能为了保护朋友而偏离事实。他也会夸大事实，不过他会迅速做出更正："妈妈，你知道的啦，那不是真的。"

九岁的孩子极少还会去拿不属于他的东西，即使他偶尔那么做了，他也会想到要把东西还回去，知错改错。就这一点，他现在已经建立起了一定的道德标准，而且真的愿意遵守这一标准。

真实与诚信这两个字眼，已经成了九岁孩子的口头禅之一，他会说："我一定要诚实。"毫无疑问，良知的雏形目前正在形成。

❖ 惩罚

人们普遍认为，如果一个家庭管教有方，那么孩子很少需要惩罚。可是不管怎么说，假如一个家庭之中完全不需要对孩子施以任何惩罚，这也毕竟太不同寻常了。为此，我们也许有必要在这里罗列一些有关惩罚的规则。约瑟夫·普罗卡西尼和马克·W.凯费伯合写了一部很有使用价值的著作叫作《为人父母：管起你的孩子来》，在此我们从中摘录了以下"应该"与"不应该"的标准：

应该：

1. 惩罚的力度和形式，须跟不良行为的严重性相匹配。

2. 惩罚须在不良行为出现后立即施行。

3. 惩罚之前，须确保孩子明白你对他的要求和期望，明白他如果违背则会遭到惩罚。

4. 你惩罚不良行为的原则须保持一致。

5. 惩罚孩子的尺度，应该既能足以让他知道做错了，不可再重复，又能够令他保持良好的自我认知，不至于自暴自弃。

6. 尽量以正面而积极的基调来结束惩罚。

7. 在不论何种惩罚之后，都应跟孩子一起讨论一遍整件事情，商量以后如何能做得更好。

8. 只要情况允许，尽量让孩子自己去面对他的不良行为所带来的自然后果，以此来代替惩罚。

不应该：

1. 每一次惩罚针对的主题，不应该超过一项不良行为。

2. 如果孩子不明白你对他的要求和期望是什么，如果孩子的生理以及心理成熟的程度尚不足以达到你的要求和期望，那么你不应该惩罚他。

3. 不可以以羞辱或者胁迫作为手段来惩罚孩子。

4. 如果孩子并不很确切地明白为什么他要遭到

惩罚，那么不应该惩罚他。

5. 不可偏心某一个孩子，对待孩子们不可厚此薄彼。

6. 假如你担心有可能失去控制，那么不要跟孩子开战。

7. 该有的惩罚一旦结束，就要立即停止，切勿继续惩罚孩子，包括你无意识地营造一种不愉快的家庭氛围。

8. 不要煽风点火，不要营造负面的家庭氛围，否则这很容易引发孩子不良行为。

除此之外，本书的两位作者还建议说：

在决定该怎样惩罚孩子的过程中，你还有一个最后的备选，那就是有意识地决定你目前什么也不做。父母若想要赢得管教的成功，则必须学会"选择最佳时机"。要决定哪些不良行为可以放过，哪些不应该放手，并不是一件容易的事情，这需要认真而客观地反复思索，然而，这却又是管教孩子的一个非常重要的方面。如果放过一个应该加以管束的不良行为，那么这一行为有可能会继续下去甚至更加膨胀；可是，如果抓住一个其实可以放过的不良行为来小题大做，又可能造成紧张的、沮丧的环境氛围，从而引发更多的问题。但问题是，父母该怎么来判别呢？什么情况下不出手才是明智的决定呢？

在孩子的某些年龄段，叛逆的、不恰当的行为比比皆是。在这样的阶段，尽管父母的管束仍然非常重要，但是，如果每一件事你都要跟孩子过招，那势必会引起没完没了的亲子之战，而这绝对不是一个有助于孩子变得举止更得体的良好家庭氛围。由于这些不良行为大多根植于孩子对自己控制自己的需要，而非对父母控制自己的需要，因此父母最好能重新审视一下你的"家规"。针对某些决无商量余地的问题，到底谁能够最后说了算？哪些事情目前来说不是最重要的？如果你只针对最重要的家规维持你惯常的管教，而对那些不算是最重要的问题睁一只眼闭一只眼，那么你家里的战火硝烟将会因此而减少很多。

关于管教这一章，下面我们还为你摘录了一些普罗卡西尼和凯费伯这两位作者的原文。他俩做了一份检测清单，方便家长用来检测对自己管教能力的满意程度。针对下列各问题，请你逐一给自己评分。如果你对自己的做法感到很满意，请写上4分；3分代表比较满意；2分代表不太满意；1分代表很不满意。

管教水平自测表

1. 我能随时记得，我的管教职责是帮助孩子逐渐养成自律能力。

2. 我确信孩子知道我对他的要求和期望。

3. 我们家所信奉的基本原则，我已经逐一跟孩子讨论过。

4. 针对家里的基本原则及其重要次序，我们夫妇双方看法一致。

5. 我自己为孩子树立了一个正面的榜样，而不是只要求孩子做到。

6. 我能够把家规、校规以及大众法规都跟我们家的基本原则结合起来。

7. 我明白以孩子现在的年龄，他会有哪些正面的行为表现。

8. 我明白以孩子现在的年龄，他会有哪些负面的行为表现。

9. 我认为恰当的培训也是管教孩子的一个方面。

10. 针对我希望孩子能尽快学到的良好行为，我会以身作则身体力行。

11. 当孩子开始学习去达到一项新的要求时，我不会从一开始就期待他能够做到完美。

12. 当孩子做得好时，我会坦率地给予孩子正面的评价。

13. 当孩子做得不好时，我会坦率地给予孩子负面的评价。

14. 我鼓励孩子嘉奖他自己的正面行为。

15. 孩子的行为一旦出现不良苗头，我能很快就注意到，而不是等问题已经很严重了才发现不对劲。

16. 我知道孩子在外面都遇到一些什么事。

17. 我能够以远观的角度来看待孩子需要管教的问题，而不会对此过于愤怒。

18. 在管教孩子的时候，我心里已经设立了一个目标。

19. 我更看重怎么解决问题，而不是更看重问题本身。

20. 在决定应该怎么管教孩子之前，我会审视好几种不同的选择。

21. 只要情形允许，我会让孩子自己去面对他的行为所造成的自然后果。

22. 我尽量避免恳求或者哄骗孩子。

23. 惩罚孩子的时候，我会确认他明白是因为什么而受到的惩罚。

24. 我惩罚孩子从来不是为了羞辱他、胁迫他。

25. 当孩子做错事情应该受到惩罚时，我会立即施行之。

26. 我会提前给孩子预警，告诉他哪些行为将招致惩罚。

27. 我惩罚孩子的原则向来一致。

28. 我尽量避免偏袒某一个孩子。

29. 斥责孩子的时候，我对事不对人。

30. 我很清楚自己是为了哪桩事情而惩罚孩子。

31. 在任何惩罚措施之中，我都包括了"讨论"这一项内容。我会跟他一起讨论下次必须怎样做他才能避免再次遭到惩罚。

32. 在建立孩子行为的良好控制这一方面，我认为孩子和我是合作伙伴。

33. 惩罚孩子时，我会针对具体的行为表现选择合适的方式以及尺度。

34. 我尽量避免把给予或者没收孩子的钱财、特权、特别活动等作为奖励或者惩罚的手段。

35. 不是我认为最重要的行为问题，我不会轻易跟孩子开战。

根据这两位作者的看法，上面的这份自我检测表并没有什么理想的得分标准。但是假如你对自己的评估大多数都只有一二分的话，那么下面恐怕就是你应该做的事情：

你也许愿意挑选出两三条你现在就希望能改进的条目，用笔圈出来，然后，你可以拟定一个行动方案来改进自己的管教水平。等这两三条已经能够达到你对自己满意的程度之后，再选择两三条来改进。如果你朝着这个方式继续往下努力的话，你对孩子的管教效果以及你的家庭氛围都将会出现明显的进步。在你整个进步的过程之中，请一定要记得，针对上述我们推荐的各条管教原则，你不但要着重改进自己的行为，而且还要一并改进你自己的情绪和心态。

5

Chapter

意识独立、排斥异性——

九岁孩子的自我意识
与性意识

　　典型的九岁孩子往往是一个相当懂事的孩子，他们更加独立，更加自信也更加自主了。这时的他有较强的安全感，能够对自己和他人做出合理的、公平的判断。他们做事更有计划性也更加执着了，有时也会过度沉浸在自己的世界里。九岁的年龄段很可能是男孩女孩之间相互很不感兴趣的一个时间段，在大多数情况下，女孩只跟女孩玩，男孩只跟男孩玩。由于性别不同，男孩女孩的性格、爱好也有很大的不同，成人应该根据性别合理地引导、教育孩子。

1. 自我意识

应该说大多数的九岁少年都对自己有了一个相当不错的看法。许多父母都告诉我们说，他们的孩子在这个年龄段比过去有了相当明显的进步。亲子之间的许多纠葛看来都平顺了，消失了。孩子比八岁的时候显得更加从容、更加独立，更加自信也更加自主了，因此也更显得和顺了，偶尔他还有可能迸发出非常出色的行为来。有一位妈妈就这么对我们描述过她的孩子："他有些时候能做出非常棒的事情出来。"

❖能够独立完成一些生活琐事，有较强的安全感

典型的九岁孩子往往是一个相当懂事的孩子，至少在大部分时间之内他会是如此。你可以给他一把钥匙，让他放学

后自己回家，并且让他给自己做一点（非常简单的）东西吃。他还可以自己买一点东西回来。

九岁的孩子大多数时候内心都是充满安全感的，而且总是在忙于他自己的事情。他不再像前一阵子那么依赖于别人了。

而且，大部分的九岁孩子对他自己以及他的家庭都感到相当满意。实际上他往往认为跟他有关的一切都很特别，并且为此而感到非常满足，包括满足于他爸爸或者妈妈的工作或职业、他自己的东西、他的家，甚至是他居住的城市。

❖ 对自我有较准确的评价

尽管大多数九岁孩子都已经有足够的能力表达一定程度的自我批评，例如"我也会那么干的""噢，你瞧我这没记性的""你知道我啦，我的毛病你还不清楚"，不过，他的这种自我批评很有些就事论事的味道，仿佛事情就只能是这样，他对此无能为力。

❖ 有时会沉浸在自我的世界里

九岁孩子常常沉浸在他自己的世界里，妈妈对此会常常有些不满："他怎么成天恍恍惚惚的""他脑子里不知道在转些什么"。孩子的这种表现毋庸置疑会在一定程度上让你觉得他对别人漠不关心、无动于衷、不为他人着想，而且不负责任。但是，一旦你能够抓到孩子的注意力，让他把你的话听进去，那么，一般来说九岁孩子都会相当尽力地去达到你对他的要求。

总的来说，家长会觉得自己的孩子相当可靠，值得信赖。如果他说他已经做完了某件事，那么通常来说他就真的已经做完了。跟八岁的时候比起来，九岁的孩子真的有更好的自制力了。

❖ 做事更有计划，更加执着

他现在还有了一项新的能力：不但能够打定主意去做一件事，而且还想要善始善终地做好它。他对自己的要求变得越来越高，不但要求自己能好好完成某一件事情，甚至希望总体上自己各方面都能做得圆满。他已经明白做事不单要靠他的手脚，还要靠他的头脑。比如说，如果他需要走路去上学的话，他会自己安排好时间，确保自己能够早早出门，免得在路上被什么事情绊住而赶不及上学。

❖ 积极建立与他人的良好关系

和他人之间的良好关系，对九岁孩子来说相当重要，因为这是决定他的日子能否过得快乐的关键。他很愿意使别人高兴，很希望别人能喜欢他，尤其高兴别人能够选中他。他愿意帮别人的忙，很想博得别人的赞许。许多孩子都会从这个年纪开始，有了足够的成熟和自信愿意去为他人效力、服务。

❖ 开始设想自己的未来

九岁的少年不仅对他自己的现在很感兴趣，而且对他将来会是什么样子也很感兴趣。他常常为不远的将来做许多计划和安排，甚至是相当遥远的计划，比如考虑上大学的事情，或者干脆计划他长大成人之后能做的事情。他的这些计划，往往不但相当细致而且十分可行。做计划表是九岁孩子很喜欢的一桩事情，也是他的这些长远规划的内容之一。

❖ 对他人的态度敏感，渴望把事情做完美

他常常显露出很强烈的内在动力，想要去把事情做成，

而且要做得正确。因此，九岁的孩子很有可能对自己的失败或者别人的批评都非常敏感，不论这种失败或者批评是真实发生了的，还是有可能发生的，或干脆是他想象出来的。如果他真的认为自己把事情做砸了，有时候甚至能气得涕泪交加。不论是自己的容貌还是自己的表现，他都可能有相当明确的自我意识。九岁孩子对自己的看法中，有不少细节和端倪表明他正朝着对自己、对别人能够更平和地接纳而成长着。等他长到了十岁，许多孩子就完全能够表现出这种平和的接纳了。

❖ 爱思考，喜欢与人为善

不少九岁孩子都能对自己的长项做出很合情理的评估，比如说他认为自己是一个不错的运动健将，或是弹奏某种乐器的好手。好思考以及与人为善是九岁孩子典型的特征。如果被问起，他会告诉你他怎么打算让自己变成一个更好的人："我要与人为善""我要改一改我的坏脾气""我要做到平心静气"。

我们有一个九岁的小朋友，某次他心满意足地告诉我们说："基本上来说，我生活得很好。"

2. 性意识

❖ 排斥异性阶段

九岁很可能是男孩女孩之间相互很不感兴趣的一个年龄段。格塞尔博士曾经对此做了简明扼要的论述：

在学校，孩子们的活动小组里可能既有女孩子也有男孩子；但是，在校园外面自然形成的小圈子里，却几乎是清一色的单性别。女孩子自有她们自己的小俱乐部，一群人在一起唧唧咕咕，嘻嘻哈哈。男孩子则常常受到某些跟他同龄或者稍大一点的坏孩子的欺负。生日派对上小寿星往往只肯邀请跟他同性别的孩子。小男生常常嘲弄谁谁有了女朋友，小女生也一样嘲笑谁谁有了男朋友。男女双方都热衷于给对方抹黑。

他说的这些都是事实。在大多数情况下，女孩只跟女孩玩，男孩只跟男孩玩。而且，孩子们之间有很多针对朋友的异性朋友的嘲笑。虽然还是会存在一些男孩和女孩之间的相互吸引，但是一般来说这种吸引很少能使得他们玩到一起去。固然有些孩子总是有许多朋友，包括一些异性的朋友，但是，大多数孩子并不这样。如果他只有一个最要好的朋友的话，这个朋友一定跟他同性别。女孩对男孩的置评往往是这些："男生都有臭味""太粗鲁了""特别幼稚"。男孩子则会说，要是生活中没有女孩的打扰就好了。不过，他也不得不接受自己必须和女孩子共享这个世界的现实。有时候他们也会互相递纸条："我最讨厌那谁谁""某某真的很喜欢你"，也有干脆直截了当地写"我爱你"的。

❖ 男孩女孩对生殖繁衍兴趣不同

大多数九岁孩子不再对生殖繁衍感到好奇，尤其是如果他在八岁时曾经多多少少满足了这方面的好奇心的话，现在就更加不感兴趣了。但是，女孩仍然有可能对她自己在生殖繁衍中的角色感兴趣："我里面已经有了种子了吗？"如果她注意到怀了孕的妈妈越变越胖，有可能会问你说："我哪天也会变得你那么胖吗？"

❖ 懂得保护身体隐私

有些九岁孩子已经非常自觉地不在异性面前暴露自己的身体了。假如有一个跟他同性别的朋友在场，那么他在换衣服的时候也许会不允许比他年幼的、跟他不同性别的小弟弟妹妹在一旁。若是偶尔撞上了父母裸着身子，他也会感到很不自在。

❖ 对自身的器官和功能感兴趣

许多九岁孩子对他自身的器官及其功能变得相当感兴趣，甚至有可能自己去搜寻百科全书或者参考书里面的资料。大多数女孩子已经知道了有关月经的知识。有些孩子会骂脏话，而他们的用词则已经从跟排泄物有关的字词转换成了跟性有关的字词。孩子们说着玩的时候也常常会用一些谐音字来暗示"性"的含义。回到家里他也可能重复这些谐音字，这会让妈妈很生气。邻居也可能来告状说你家小伙子说话不中听。

❖ 根据性别，合理地引导、教育孩子

威廉·谢尔登博士的体形心理学的基本前提，是一个人的体形决定了他的行为。也就是说，体形构造不同的孩子，其行为也很可能不同。男孩子一般来说（当然不乏例外）往往多属于方形体形（方正而且结实）。方形孩子的特点总的来说是精力旺盛、争强好胜、能吵能闹能折腾。女孩子一般来说（也会有很多例外）多属于圆形体形。这类孩子身体偏于浑圆而柔软，由于天生结构不同，所以往往比方形孩子更安静、更乐于与别人合作，而且天生比男孩子更喜欢抚育性的游戏与活动。

即使是在幼儿园里，我们也可以看出明显的区别。女孩喜欢在娃娃角玩洋娃娃，扮演日常生活中的场景。男孩子则喜欢爬上爬下、翻来滚去，玩大车小车，搭建积木，他们的身体活动比女孩子更多。如果有人鼓动他去用一种跟他自然天性不同的玩法来玩，他会很快失去兴趣，之后便很快又回到他更喜欢的玩法上去了。这种小男孩和小女孩间的区别，在九岁以及将来都会存在。

如今，只要孩子愿意，父母大多都会允许自己的小男孩显得更温柔一些（比如说，现在我们不再告诉孩子说"男孩子不可以哭"）。女孩子过去一向可以被容许做个"假小子"，如今更是早已知道长大后她可以做任何她喜欢的工作，进入任何她喜欢的行业。然而尽管如此，孩子总体上来说还是更愿意按照他的自然天性去做他自己。父母最好的养育方式，是能够而且愿意遵循传统的养育观念，即"男孩有男孩的样子""女孩有女孩的样子"。其实，大多数父母正是这样养育孩子的。

6
Chapter

个性差异大，整体能力提高——

九岁孩子的
兴趣与能力

九岁是一个令人难以捉摸的年龄段，九岁的孩子个性差异大，存在极大的不确定性，所以不同的个体和不同性别的孩子之间就玩耍、阅读等方面的兴趣存在很大的差异。但是此时的孩子做事更加投入也更加努力了，喜欢动脑而且有意愿按时、保质保量地完成任务，所以九岁孩子的智能和体能都有了很大程度的提高。

1. 玩耍的兴趣

❖ 玩耍时全身心投入

九岁的孩子做事情很卖力气，玩耍起来也很投入。实际上他往往会在不知不觉中就把自己累得筋疲力尽。他踢球会踢得自己瘫倒在地，滑雪会滑到裤子湿透到了大腿根，看电视要看完最后一个节目（如果父母允许的话），看漫画书更是手不释卷。不论他喜欢做的是什么事情，他都会没完没了地做下去。

❖ 玩耍的兴趣存在非常大的个体差异

玩耍的兴趣在这个年龄段有非常大的个体差异，因此，要想确定九岁的孩子都喜欢一些什么活动，这可不像在其他年龄段那么容易。比方说，有的九岁孩子喜欢各种户外活动；有的则喜欢"宅"在家里，看电视、读书什么的。有些男孩子把大量的时间花在各种有团队的、没团队的体育运动上；而另一些孩子则显然不喜欢体育活动。不过一旦他参与到某项体育运动之中，九岁的孩子往往会在下列三个方面显得比过去更有兴趣：如何提升自己的技能，如何刷新自己的成绩，如何做到自己的最好。不少女孩子也很喜欢各种体育活动。

❖ 玩耍的兴趣存在较大的性别差异

有的九岁少年喜欢出去爬山、骑车，有的则喜欢花很多时间照料自己的小动物。性别不同带来的兴趣相差更是非常明显。男孩子喜欢用他的各种装配组件或者其他建筑性材料搭建不同的东西，要么就是做模型。他也需要花大量的时间用来打打闹闹，有的孩子还干脆去学拳击或者柔道。女孩子总的来说仍然对纸娃娃有很浓厚的兴趣，她会给自己的娃娃任命各种不同的角色，演出精心制作的家庭小品。有时候哪怕仅仅是给纸娃娃购买或者制作精致的装束，也能让她玩得心满意足。实际上，女孩子的"收集癖"这时仍然可能主要集中在各种娃娃和娃娃的装束上。而男孩子的收集兴趣则更为广泛。

❖ 爱好摄影

男孩和女孩这个时候都有可能很喜欢摄影，而且还要用自己的（或者家里的）电脑做图像处理。

❖ 喜欢球类活动

各种球队无疑非常受孩子的青睐，有些孩子还喜欢坐在电视机前看球赛。棒球当然很受欢迎，不过也有些孩子更喜欢足球。如果是打棒球的话，一个很在乎比赛成绩的教练可能很少给那些技术不怎么好的孩子上场的机会。而足球则更可能让每个孩子都能有更多机会参赛，不论是会踢的还是不会踢的都没关系。也有些孩子喜欢橄榄球，不过他们大多还只是随便玩玩，不怎么讲究规则。虽然球类活动是男孩子的最爱，尤其那些喜欢户外活动的男孩子更是如此，不过，现在他的兴趣也拓展到了保龄球以及马术等方面，而他以前喜欢的骑车、滑旱冰、溜冰、游泳、滑雪、爬山等活动现在也照样兴趣不减。

❖ 钟爱竞技性强的桌上游戏

九岁孩子喜欢的室内活动，主要是各种竞技性很强的桌上游戏，比如各种游戏棋、大富豪、问题竞猜等。

我们有一个九岁小朋友，曾经为我们写了一份清单，列出了他最喜欢的一些活动：在海滩上建筑沙城堡、在游乐场荡秋千、游泳、读书、绘画、骑车、踢足球、打棒球、大富豪、游戏棋、中国跳棋、捣鼓电脑、爬树、弹钢琴、钓鱼、抓青蛙、捉水虾。（哪怕不是住在乡下的孩子，一旦有机会也会很喜欢这种充满乡野情趣的活动。）

❖ 为自己准备圣诞礼单

到了圣诞节，九岁的少男少女还是有可能为自己写一份长长的圣诞礼物单，列出自己喜欢的各种东西。不过，他们大多已经相当成熟，明白这些东西不可能都得到。

2. 读写兴趣

❖ 阅读水平和阅读能力存在较大的个体差异

　　和上面的各种娱乐活动十分相似，九岁孩子在读写方面的兴趣也有很大的个体差异。比如说，虽然许多九岁孩子都是涉猎广泛的小书虫，可是也有一些孩子除了被迫要完成的学习任务之外，根本不怎么读书。因此，有些孩子不愿或不能阅读任何程度的书，而另一些孩子则不仅会如饥似渴地读书，而且可能会反复阅读他喜欢的某本书。热爱读书的小书虫们这时常常会自己到图书馆去办理借阅手续了。

❖ 格外喜欢推理、侦探类故事书

九岁孩子会格外喜欢推理、侦探之类的故事书，经典儿童名著也很受青睐，例如《汤姆·索亚历险记》《金银岛》《亚瑟王》等等。他们还喜欢在杂志上翻阅适合自己年龄段的作品。

❖ 钟爱漫画书

虽然这个年纪的孩子大多喜欢经典的或者符合当代孩子口味的少儿读物，也就是父母心目中的"好书"，但是仍然有不少孩子这时非常喜欢漫画类的书。尽管由于电视的普及，漫画书在孩子生活中的重要作用已经不能再和过去相比了，但是，在九岁孩子当中仍然非常流行。他们相互传阅、交换各自的漫画书，也收集漫画书。只不过哪怕是最喜欢漫画书的九岁少年，也不会再像八岁的时候那样不加选择地见到就买了。

如果孩子看来太沉迷于漫画书，你可以去干预他的阅读，跟他讲道理、谈条件，比如要求他时不时至少要看一两本图书馆里的其他书籍。不过，这个年龄段的孩子，不论他喜欢做的是什么，比如看漫画书、组织小俱乐部、摆弄小机械……往往很容易非常投入，而且充满精力、专心致志、坚持恒久、沉湎不能自拔。只要是他真正感兴趣的事情，九岁孩子可以一天到晚忙忙碌碌做个不停。

❖ 喜欢写连笔字，并付诸实用

大多数的九岁孩子都不再愿意一笔一画地写正楷字，而是更喜欢写连笔字。他的字迹现在已经相当容易辨识了，而且他开始懂得把写字付诸实用。有些这个年纪的孩子已经开始坚持写日记了。他也喜欢写各种列表和清单，例如他收集"宝藏"的分类清单。不论是男孩子还是女孩子，这时也都喜欢写邮购单，邮购商品。（译者注：这是在20世纪80年代，网购还没有兴起，时兴的是邮购。）

3.对音乐、收音机、电视、电影的兴趣

❖ **主动上音乐课，演奏技巧提高**

那些八岁时仍然能够坚持上课、练习乐器的孩子，到了现在，就真的可以完全靠自己了。九岁孩子特有的执着以及他对不断提高自己水平的追求，使得他现在常常能够很认真地上音乐课，甚至有意愿自己主动去练琴，而不怎么需要你的敦促。当然，有时候难免还是需要有人提醒一下。

九岁孩子手指的触感比过去又有了进步，这使得他能够更好地控制他的演奏技巧。不少孩子都开始能够真正享受自己的演奏了，而且幸运的是，随着他技艺的提高，家里人也都或多或少地能够真正享受孩子的演奏了。

❖ 电视迷，喜欢侦探类节目

现在几乎所有家庭都至少有一台电视，而孩子们在一起玩的时候，电视也总是他们的最爱，九岁的孩子往往都是些电视迷。不消说，这个年纪的孩子很有时间概念，更熟知他们各自喜欢的频道。侦探类的节目尤其受到九岁孩子的青睐，有几部幼儿冒险系列的故事也继续受到大多数九岁孩子的喜爱。他们也可能会喜欢儿童情景喜剧、智力问答，以及成人喜剧。有的孩子还喜欢看新闻。不过，虽然他们对电视这么充满热情，可是有些孩子已经不再像先前那样非要守着看他喜欢的节目不可了，甚至若是临时有了什么更有趣的事情的话，他能情愿放弃看他喜欢的节目。

❖ 喜欢听自己的收音机

尽管大多数孩子更喜欢看电视，不过仍然有许多孩子这时候还是和过去一样喜欢听收音机，尤其是听他自己的晶体管收音机。

❖ 在家看录像带取代了出门看电影

有的九岁孩子可能每个月去看一两场电影，不过，最近几年好像出门去看电影的孩子越来越少了，因为大多数孩子都相当满足于在家里看父母借回来的录像带。"任天堂"家庭游戏机也变得十分流行。

4. 动作协调与手眼配合

典型的九岁孩子，其肢体动作比以前更为娴熟了，而且他非常喜欢展示自己的各种本领，时机的把握和动作的协调也都比过去控制得更好了。他十分注重自己的实力和能力。

❖ 精力旺盛，热衷于运动

男孩子几乎随时处于一级战备之中，他们非常喜欢相互乱打一气、扭成一团，也喜欢借着拿举重物的机会，证实一下自己的强壮有力。

前面我们已经说过，九岁的孩子，不论男孩还是女孩，做事情都往往倾向于一口气做到自己累瘫掉，不论骑车、跑步、爬山、滑梯，还是打球。如果父母不对孩子适当地加以限制和保护，他很容易累过了头。

❖ 手眼的分工协作更加协调

眼睛与手的分工与协作，这时候已经十分协调了。九岁孩子总体上来说两只手都能独立运用得相当好了。孩子的惯用手，也就是说孩子是左撇子还是右撇子，一般来说大都早已经固定了下来。孩子惯用的手指，在这时也显露得更加清楚。他喜欢用这几根手指敲打桌面，拿取、把玩、弹拨各种东西，读书的时候还喜欢用这几根手指头抚弄纸边。

❖ 手指的运用和灵活度存在较大的个体差异

但是，手指运用的能力，每个孩子之间存在着相当大的个体差异。有些孩子的手指非常灵巧，有些则好像不听使唤。不少这个年龄的孩子喜欢画素描，绘画时的细节处理已经相当细腻，而他八岁的时候笔触比现在粗犷得多、成像也大得多。男孩子使用工具的熟练程度也有了改善，他可以像模像样地挥动榔头，锯子的使用也更加顺手和准确了，还会用膝盖顶住板子拉锯。不论男孩子还是女孩子，这时都能够相当熟练地使用各种园艺种植类的工具了。另外，九岁孩子还很喜欢搭建非常复杂的构造，例如组装乐高。女孩子现在可以做些剪裁并缝制简单的衣物，而且大部分已经学会了织毛线。

❖ 坐姿怪异

尽管肢体协调在各个方面都表现得不错，可是，九岁少年的坐姿现在却有可能相当怪异。男孩也好，女孩也好，他们都有可能把自己懒洋洋地堆在椅子里，摆出一些很古怪的姿势来。坐在桌子前面做什么的时候，他的头可能跟手上忙活的东西靠得很近，因为九岁处于向内缩入的年龄段。（比如说，他这时候画出来的东西都很小。）在直观视觉上，他往往喜欢把东西拿到眼前看。有时候他也会睁着一双大眼睛瞪着你，好一会儿都不眨一下。他还可能好像是瞪着你，但是实际上眼睛的聚焦点不知道落在了哪里。妈妈跟孩子说话时就可能会看见这样的表情，他眼睛盯着你，而耳朵却根本没在听你说什么。

抽象思维发展，更加现实和理性——

九岁孩子的
心智成长

　　九岁孩子的抽象思维有了很好的发展，更加现实和理性了。他现在不再以自我为中心，而且还能或多或少地根据逻辑规则，来修正他自己对某件事不够全面的第一印象，也能做一些简单的演绎推理了。他的时间感和掌控能力提高，空间方向感增强；语言成为与他人沟通的工具并且有了批判性的思维。在学习技巧方面，大多数的四年级学生都对自己的能力相当有信心，这阶段也是把学到的各项基础技能付诸应用的最佳时段。

虽然说我们在这本书里所描述的所有行为都是孩子心智的呈现，不过这一章将专门讲述几种特别的行为，也就是人们习惯上认为是表达孩子思维或者思维过程的行为。因此，在这一章里我们主要涉及以下几个方面：对时间的感知；对空间的感知；孩子针对死亡、神灵，还有一向最为心仪的圣诞老人的看法以及读、写、算这几方面的智力水平。

心理学家简·希利恰到好处地向我们描绘了这个年龄段的孩子：他们大多处于相对平和的阶段。在学习技巧方面，经过了小学一年级到三年级的不断练习和提高，现在大多数的四年级学生都对自己的能力相当有信心（译者注：以美国的学制，孩子五岁上小学学前班，六岁上小学一年级，九岁就该上四年级了）。大脑内部的髓鞘纤维进一步发育成熟，而且提高了感觉与意念的链接速度，使得大脑的学习能力进一步增强。小学高年级因此成为把学到的各项基础技能付诸应用的最佳时段。为学而读代替了为读而学。算术能力成了在商场里买东西以及在电脑上做设计的好工具。

　　许多这个年龄段的孩子热衷于收集信息、记诵数据，不过他尚不能针对这些东西深入思考。他精心复制大段大段的东西到他的文章之中，却难以用自己的语言来解释它们的意义。孩子还需要大量的练习，而且也可能还需要成年人帮助他组织和理解这些东西。最重要的一点是，哪怕已经是"大"孩子了，他仍然需要大量的时间以自己独特的方式去学习以及成长。从具体的经验入手依然是最好的学习方式。能围绕着一个个课题项目，用参与式的学习来抓住九岁孩子广泛的兴趣与好奇心，这才是最能帮助到孩子的家长，才是最成功的老师。

1. 对时间的感知

❖ 时间永远不够用

九岁的孩子应该说是由时间控制着他，而不是由他控制着时间。他的一天总是被他想做的各种事情塞得满满的。他的生活中总是会有些额外多出来的事情，而他却又总是那么忙忙碌碌，实在挤不出时间来应付这些额外的事情。他做的每一件事对他来说都是很重要的，因此也就都是放不下来的事情。而且，因为他现在无论做什么都坚持且恒久的招牌特征，也没办法能让他快快了结一件事，以便开始去做下一件事。所以，他的时间永远不够用。

❖ 为掌控时间而做计划

虽然如此，九岁孩子却还是显露出了他也能控制时间的
端倪：他会有个一天的整体计划，知道什么事情之后跟着什
么事情。为了能争分夺秒，他有可能把早晨的闹钟上得格外
早，好多有点儿时间读读书，有时候哪怕是关掉闹钟再放松
放松多睡一个小时的觉也好。

❖ 能够正确感知时间，并给家人及时的回馈

既然是一个这么看重时间的孩子，如果能有一个腕表的
话他当然会非常乐意。只是纵然有了腕表的帮助，正如有位
妈妈所说的那样，他也还是一副简直要跟时间拼命的模样。
毫无疑问他常常赶不及时间。不过，即使他忙得焦头烂额，
他也能意识到时间已经晚了（他也往往会忙活得太晚了），来
不及按时赶回家，而知道给家里打个电话。

时间对这个年龄的孩子来说非常重要，这一点也可以通
过另一个事实表现出来：如果他需要限时完成一件事情，那
么他会以最快的速度冲刺。

❖ 对历史感兴趣

和他八岁的时候一样，九岁的孩子也对遥远的过去以及历史很感兴趣，对历史长河中的各种不同人物也十分感兴趣。许多孩子都喜欢阅读专为孩子们写的各种人物传记。

2. 对空间的感知

❖ 空间方向感增强

九岁少年的空间方向感往往相当不错。他现在可以自己乘坐公共汽车去他熟悉的地方了，例如去看牙医、去上音乐课等。

❖ 对周边环境更感兴趣，而且范围无限扩大

他对自己所生活的周边环境的兴趣越来越广泛，比他八岁时对生活小区的探索热情还要旺盛。因此，现在不论是社区里有关健康、生活、财务等方面的问题，还是小区里的商

业、工业、农业的情况，不论是周围交通条件、气候影响、动物植物的生存状况，还是节假日、季节性的社区活动等，他都统统显露出浓厚的兴趣。

更有甚者，他对周边环境的探索，不但延伸到了他的生活社区、他所在的州以及国家，而且还延伸到了整个地球，甚至是宇宙中遥远的星际。他喜欢了解不同种族的文化，比如中国、俄国、南美……他的这种广泛兴趣，如今可以借助电视得以充分的满足（如果他是一个喜欢阅读的人，还可以借助报纸）。

而且，如果他是一个喜欢写信的人，他也许还可以跟某个遥远国家的笔友相互通信。

❖ 空间方向感存在极大的个体差异

空间方向感好，是典型的九岁孩子的特征之一，不过，并非每一个孩子都会是一个典型的九岁孩子。正如我们前面所说过的那样，这个年龄段的孩子可能在各方面都表现出相当大的个体差异。因此，虽然毫无疑问大多数九岁孩子的空间感比前一段时间又有了进步，可是也有些孩子会跟别人不同，哪怕他将来长大成人，也都可能是一个从来就没什么方向感的人。他往往会混淆方向，迷失道路，哪怕在他比较熟悉的环境里也有可能找不着北。这样的孩子也通常很不擅长拼魔方，也就是把好多好多的小图片拼成一个完整的正方体。

假如一个孩子的视力有问题，家长、老师或者眼科专家往往能很快注意到。但是，如果一个孩子的空间感觉不好，通常来说大家则不太容易注意到这一点，而孩子也许不得不磕磕绊绊好长一段时间，才终于有人能发觉他是怎么回事。

3. 孩子的思维

瑞士心理学家吉恩·皮亚杰在过去的数十年中，就孩子的心智写了比任何人都要多的文章。他把孩子的成长阶段描述成不同的思维发展阶段。和我们一年一年地描绘孩子的成长变化不同，皮亚杰的描述相对来说跨越了更为宽广的年龄段，因此他并没有区分八岁孩子和九岁孩子的任何不同。

❖ 抽象思维开始发展

根据皮亚杰的理论，八岁到十一岁的这段时间的思维发展，属于"具体运行"阶段，也就是抽象思维的开始。孩子成长到这一阶段时，已经不再像以前那么以自我为中心了。他现在能够认识到别人会有不同的看法（根据皮亚杰的说法），而且还能或多或少地根据逻辑规则，来修正他自己对某件事不够全面的第一印象。

因此，他能明白容器形状的改变并不会造成量的改变。把装在一个高而细的圆柱形瓶子里的水，倒进一个扁平的盘子里，不论是九岁孩子还是五岁孩子，他的第一感觉都会认为瓶子里装的水比盘子里的多。然而，九岁孩子却能够借用新学到的法则克制自己的最初感觉，指出倒出来的水一定没有变少，因为在这里只不过是容器的形状发生了变化。

他也理解了数量的意义，如果你把10个石子摆成一排，另外再把8个石子稍微拉开一点也摆成相同长度的一排，他能分辨得出哪一排石子数量更多。而小的时候他有可能会认为，既然两排石子长度一样，那么数量也应该一样。

九岁的孩子还可以运用简单的逻辑得出一定的结论，做些简单的演绎推理，以及现在可以做得到的分门别类。而且，他也能够描绘一系列的举动，比如出去办个小差事然后再回来。而在此之前，他还不能描绘出他来去的路线图。跟随一条熟悉的路径来去（这一点他更小的时候就能做得到）和利用思维来形象描绘这一趟行动，是完全不一样的事情。

❖ 独立的批判性思维

尽管我们自己从来没有发现皮亚杰的这种区分对孩子的父母有多大帮助（不过，有些老师还是说他们觉得有些帮助），但是，我们却观察到了不同于皮亚杰说法的现象，即孩子从七岁起就开始有了一定的逻辑思维的能力，到了九岁的时候这种逻辑思维能力更有了明显的成长。而且，我们也注意到，九岁孩子显然已经开始有了独立的批判性思维。

九岁的孩子能够用语言表达更加微妙和细致的感情，而且也能表达一些负面的情绪：报怨、自我批评——"我也会那么干的""天，我怎么这么笨呐"。他对父母的行为这时也有了相当多的批评，而且常常是相当细致入微的批评。

❖ 语言成为与他人沟通的工具

八岁孩子特喜欢说话，有时候仿佛就是为了听他自己聒噪而喋喋不休。可是到了九岁，说话则变成了一项工具，可以用来跟别人分享他的主意、表达他的想法，而不再是为了说话而说话。另外，九岁孩子的词汇中明显少了很多"出格"的词句，也就是说，那种八岁孩子非常典型的夸张、幻想的说法，或者不折不扣的荒诞不经的词，现在都少得多了。

❖ 不再相信童话和魔法，少数却有可能相信命数

我们看到，在这个年龄的孩子对这个世界有了越来越现实的认识。他对童话故事的兴趣越来越淡，对魔法的深信不疑也越来越浅。不过，还是有些九岁孩子对命数深信不疑，而且可能还相当迷信。

❖ 能够直面死亡本身

九岁的少年针对诸如死亡、神灵还有圣诞老人的看法，在过去的一年之中又有了进一步的成熟。对于"死"这件事情，大多数这个年纪的孩子都能抱以一种就事论事的态度。他现在可以直接面对死亡的事实，而不再关注于棺材或者坟墓等这些外围的事情。而且他现在能关注到与死亡过程中相关联的逻辑性以及生理性的要素，例如，"谁谁还没有离去""假如一个人没有了脉搏、呼吸和体温，他就死了"。偶尔你也许会听到九岁孩子说："唉，我希望我从来不曾生下来"，或者"我希望我已经死了"，不过，照常规来说他这种话其实并不当真。这个年龄的孩子并不对"死亡"有多少兴趣。

❖ 比较"现实"和"理性"，对神灵不感兴趣

典型的九岁孩子，跟他八岁的时候相比，"宅"在家附近的时间多了很多，因此，他往往不太对"神灵"这种相对来说十分遥远的概念感兴趣。另外，他对星期天去教堂参加儿童班的兴趣，这时也低落了下来，除非跟那里小朋友的交往还能对他有吸引力。但是，正如格塞尔博士曾经指出的那样，这个年龄的孩子"几乎是以一种理性主义的精神来看待周围的世界，并以此指导自己的行为"。

❖ 理性地享受圣诞节的美好

毋庸置疑，到了这个时候，孩子已经不再对圣诞老人信以为真。不过，他们大部分都不会忍心对着弟弟妹妹摧毁这美好的神话。相反，九岁的孩子会带着宽容的微笑，去感受甚至享受弟弟妹妹对圣诞老人的满心期望。他当然还是很喜欢过圣诞节，只不过圣诞老人不再是这个节日的真实部分，而仅仅是自己小的时候由"他"带给自己的那份兴奋而喜悦的记忆而已。假如有人问他现在对圣诞节有些什么看法，一个典型的九岁孩子也许会这么告诉你，那是一个"充满爱心和善意的日子"。

4.读、写、算的能力

孩子九岁了，你也许会感到十分疑惑，本来学习成绩至少是中等水平，甚至是上游水平的孩子，现在成绩却掉了下来。学习成绩不好，或者学习跟不上趟的原因，毫无疑问会是多方面的。而其中一种人们不太容易想到的原因，是你的孩子有可能不具备学校传授的功课所需要的、所看重的那种智力能力。

❖ 霍华德·加德纳的七种不同的智力能力

根据哈佛大学的神经学专家霍华德·加德纳的看法，人类至少有七种不同的智力能力，而大部分的孩子可能只在其中一个方面显得比较突出。针对这七种不同的智力能力，加德纳是这样分类的：

语言能力：在语言能力方面更有天赋的孩子靠文字来思考。假如你的孩子有这方面的智力能力，那么她可能会喜欢写字，热爱读书，拼写单词又快又好，而且可能喜欢做填字游戏或拼字游戏。

数理逻辑能力：这类孩子小的时候依照概念来思考，等年纪稍长，他则善于做抽象性的、逻辑性的思考。他有可能靠思考和心算就能解决一道数学难题，而且喜欢用电脑，能够以清晰的逻辑推理来理清一件事情，还常常是一个拼魔方的高手。

空间方位能力：这类孩子很容易判定他自己以及别人的空间方位。他擅长走迷宫、玩七巧板，能够轻易地读懂各种地图、图表和图解。长大了他可能希望做一名建筑师、机械师或者工程师。

音乐能力：具有音乐能力的孩子，有的往往是弹奏乐器的好手，也有的只是对音乐或者其他声音格外敏感一些。这类孩子很容易记得住旋律，知道弹奏的乐曲中哪个地方弹错了音符。如果你能够把知识整合成富有韵律性、音乐性的形式，那么这孩子学起来要容易得多。

身体动感能力：具备这种能力的人，会通过身体的各种感觉来汲取信息（译者注：指触觉、嗅觉、视觉、听觉、味觉等等）。他通常来说擅长于竞技性的运动，喜欢动个不停，而且喜欢诸如游泳、爬山、滑板之类的体能活动。

交往能力：这类孩子善于结识他人。他常常是同龄人中的领导者，擅长组织与沟通。他很喜欢与人交往，有朋友无数，往往是一个遇事善于应变的人。

内省能力：这样的孩子往往有意回避集体活动，更愿意与以自己的感觉、思索、梦想为伴，喜欢独处。他有很强的主见和感受，而且往往十分固执。在衣装、行为、为人处世等各方面，他都可能是一个特立独行的人。

这七种不同的智力能力，每个人都可能在某些不同方面具备某种不同层次的能力，然而不幸的是，我们的教学系统所看重的语言能力和数理逻辑能力，却不见得是每一个孩子都擅长而且出类拔萃的。

❖ 阅读能力：为了汲取新知识而阅读的阶段

著名语言学家珍妮·S.查尔认为，孩子的阅读能力，和孩子的其他能力一样，自会沿着一系列的成长步骤发展。大多数九岁孩子的成长应该都已经走过了她所认定的第二阶段，也就是说，他可以脱离对字面意义的辨识，进入熟练阅读阶段了。不过，在第二阶段里，孩子并非以汲取新知识为主，而是以印证他已经知道的东西为主。（译者注：第一阶段，是以辨认字面意义为主的阶段，也就是初步的识字阶段。通常来说，五六岁属于第一阶段，七八岁进入第二阶段。第二阶段实际上等于解义阶段，以印证所学知识为主。）

到了九岁，在阅读能力方面得以正常成长的大多数孩子，这时都应该达到了第三阶段，也就是孩子为了汲取新知识而阅读的阶段。小的时候，孩子为了能读书而学习；现在，他则是为了能学习而读书。这一巨大的跨越，常常在九岁的年龄段完成，也就是小学四年级。然而，有些孩子却可能在跨越这道坎的时候遇到困难。一部分过去在阅读方面成绩不错的孩子，现在却开始出现成绩下降的情况，有一定可能就是由于这个原因。

可是，另一种情况却相反，即过去在阅读方面一直比较吃力的孩子，现在却可能忽然有了一个飞跃。不过请注意，有些孩子虽然看起来默读能力不错，但是你需要时不时地让他大声读出来，以确认他真的能默读。还有，尽管许多孩子都更喜欢默读，但是如果要记忆数据和条例，那么大声读出来也许能记得更牢一些。

如果遇到了生字，九岁的孩子一般不会认真对待，除非这个字对理解整个故事很重要。大多数孩子现在读整句、整段都不再有什么困难。有的孩子甚至已经知道哪些地方可以草草带过，哪些地方却需要仔细阅读。他也能知道哪些内容可以当作消遣来读，哪些内容却是重要的信息。许多孩子现在已经会借用字典来查定义、查读音了。他们大多也已经知道了如何利用书中的索引、附录以及目录。

阅读中出现的错误现在越来越少。书写方面，也几乎不再有谁还会把字母颠倒过来写。如果遇到一个很多字母的长单词，或者比较生僻的字，少数几个孩子还是有可能把相邻字母的顺序写颠倒，或者出一点笔误。还有少数孩子有时候会把相邻的两个字前后写颠倒、写重字，或者用了一个意思相近的字。

假如你的孩子在阅读方面现在仍然感到有些困难，九岁可以是启动家庭阅读训练的一个很好的年龄段，只是你需要记住，他和刚刚过去的八岁相比已经是一个完全不同的孩子了。一方面，如果孩子在学校里一直有阅读困难，而且到目前为止尚未能改善，那么目前的确是一个很好的时段，能帮助孩子在阅读行为能力方面踏上正轨；但是，另一方面，如果妈妈真要启动家庭阅读训练的话，那么一定要记住孩子在这个年龄段的特点，既要善于利用于他有利的行为特点以促使你们成功达到目标，也要注意减少或者控制不利的行为特点以避免家庭训练失败。

也就是说，在孩子八岁的时候，妈妈可以把家庭阅读训练当成母子二人快乐的共享时光，然而现在孩子九岁了，妈妈却一定要记住，在这件事情上不能再打感情牌了。你这时不可再把家庭阅读训练搞成两个人一起做的事情，而是要让孩子自己去努力提高他的阅读水平。

你应该在学校的阅读指导老师的帮助之下（如果你需要这一帮助的话），先选定某种家庭阅读训练的课题，为孩子做一些必要的安排，然后，在你认为合理的范围之内，尽可能把一切都交给孩子自己去做。要设定一个目标（最好是跟孩子一起设定他的目标），并敦促他尽可能自己朝着目标去努力。九岁的孩子愿意把事情做好，愿意好好完成任务，愿意不断超越他自己的能力水平。而且，他也愿意靠他自己去做到这一切。

如果妈妈的干预能够限制在最低范围之内，那么结果很可能是在孩子需要帮助的时候，他能够接受你的出手相助。但是，如果母子关系不是很融洽，那么，爸爸或者家里其他成年人暂时出手相助，则有可能比妈妈更为合适。

九岁的少年天生就是好学生，这时的他已经准备好了随时以他自己的力量来对应合理范围之内的事情。这是一个改善诸如阅读等基础科目的最佳年龄。在大多数情况下，他已经有足够的成熟度来认清提高阅读能力所能给他带来的好处。

他现在对掌握各种方法和技巧都有浓厚的兴趣，而且，和八岁的时候相比，在投入之前以及开始之后，他也能更有分寸地把握自己的行动方向。反复练习技艺的毅力也增强了很多，而且，越是能看得见反复练习的功效，他越是乐意再三重复。也就是说，他常常会执着在一件事情上反复做，而不再像他八岁的时候那么需要不断变换花样了。

尽管九岁的孩子不再像八岁时候那般依赖于别人的夸奖，但是你不时来一点儿合情合理的好评他还是喜欢的。其实，他能够比以前做得更好这一事实（而且这常常就是事实），对九岁孩子来说，往往比别的嘉许更让他欣喜。另外，一般来说九岁的孩子跟妈妈之间不再像八岁时那么纠结得厉害，因此，如果你打断他正在忙活的事情，提醒他该去做阅读练习了，他有一定的可能愿意接受妈妈的提醒。不过，通常来说，如果能事先设定一个特别的练习时间，而且是由孩子一起参与为他自己设定的时间，那么妈妈提醒的效果会更好，这么做不至于让孩子认为你打扰了他更重要的事情。

还有就是要记住，我们前面讲过，九岁孩子很善于找借口推托，无论你让他做个什么事情，他做这件事情需要用到的身体部位很有可能会"疼"起来，也就是说如果要他读书的话，他往往会觉得眼睛疼。一个对这一现象了然于胸的明智父母，应该对孩子做你要求他做的事情时的这儿疼那儿痛的反应略微表示一下怜惜。既要同情孩子，又要坚持原则，应该完成的、计划好的练习一定要做下去。

❖ 书写能力：书写更加轻松，喜欢写连笔字，男孩女孩的笔迹有区别

前面我们已经讲过，大多数九岁孩子已经不再愿意一笔一画地写正楷字，而更愿意写连笔字了。而且书写现在已然有了实际性的用途，成了有用的实际工具。小男生和小女生也许已经喜欢上了写日记，更喜欢为他的收集品做一份份的分类清单。还有，不论是男孩子还是女孩子，现在都喜欢写邮购单，邮购商品。

孩子这时的笔迹，尤其是女孩子的字迹，比以前写得更小、更整齐，而且写字的时候也不再像前段日子那般吃力了。大多数孩子写出来的字母，都能大小均匀，比例合适。男孩子写字的时候用笔还是有些偏重。九岁的少年通常都能一口

气写上相当长的一段时间，一直到他完成某份要求的功课。当然，孩子也能明白他的字迹有时候实在潦草："这是我最不肯花心思的事情。"

❖ 算术能力：计算水平提高，但是对计算的兴趣存在极大的个体差异

孩子对算术的态度往往趋于两个极端，要么特别喜欢，要么特别讨厌。尤其是女孩子往往特别讨厌。（有些人坚持认为，是这个社会对女孩子的期望导致了女孩子不喜欢算术。而我们自己的看法则是，这种社会对女孩子的期待，本就来自于多年来人们对女孩子的观察。）

不论是男孩子还是女孩子，都更喜欢笔头计算而不是口头计算。在解答算术题时，许多孩子都能够解释得出他是怎么算出结果来的。做加法和减法的时候，他们大多已经熟记了各种最简单的算数组合。孩子知道自己最感困难的算数组合是哪些，而且愿意听老师帮他分析错误原因。大多数学生这时候都已经能背下九九乘法表了，而且开始学习分数和计量，还可以采用计算多位数除法的方式，在纸上计算"被除数"为两到五位数、"除数"为一位数的除法。

5. 对九岁孩子合理的期望值应该在哪里？

父母往往喜欢拿自己的孩子来跟某些"平均值"或者专家们设定的规范相比较。我们这里有一份能力标准，由位于科罗拉多州丹佛市的美国国家教育进步评测中心提供。你可以据此评测一下自己孩子的能力水平。

来自全美各地的九岁组的孩子中，有三分之二能够做到或者知道以下内容：

知道偶数和奇数的不同。

能够做两位数的加法。

能够认得时钟。

知道宇宙中的星星比能够数得清的数量要远远多得多。

知道若要下雨必须是阴云密布，而且知道下雪更应该出现在寒冷而阴沉的天气里。

知道企鹅不会飞，鱼有鳞片，兔子只吃植物。

对不同文化背景的人感兴趣，乐于帮助他人。

懂得人们可以修改不公平的规则和法律。

知道审判由法官主持。

知道现任总统是谁，而且知道他是如何被选上的。

熟悉并善用字典和大百科全书。

能自己看书、读故事。

熟悉童话故事中的角色。

作文不再出现标点符号的错误，不再用错字，不再有语法错误。

熟悉书信的基本格式，可以给朋友写信。

熟悉各种乐器的名称和音色。

可以画出透视角来，即画面上的图形朝着上方逐渐斜过去。

可以准确画出一个跑动中的人物胳膊的恰当位置。

6. 促进九岁孩子大脑发育的一些建议

最后，我们再来看看心理学家简·希利的一些非常有实用价值的建议，希望能借此帮助我们促进九岁孩子的大脑发育。

首先从简单的问题开始帮助孩子提高认识：

"为什么我们只在周日去上学？""为什么一个星期只有五天？""为什么人不应该偷东西？"

帮助孩子明白同样一件事情可以从许多不同的角度来看待，因此有可能并没有哪一种看法会是唯一正确的看法。不妨找一些开放式的问题，跟孩子一起玩玩问答游戏："如果我们……了，你打算怎么办？"（如果我们中了六合彩……如果我们变得身无分文……如果你醒来以后发现自己变成七尺高的个子……）帮助孩子用语言表达出自己的感受，而且你也应该勇于说出你的感受来："那时我以为姥姥病得很厉害，可真是吓坏了。我猜你也一样，是吧？"

和孩子玩一些需要讲究策略的游戏，比如要权衡利弊，要预计后面的步骤，要从对手的角度来思考，等等（例如，下象棋、方格棋、战术棋、军舰战棋、扑克牌）。

玩"20个问题"游戏，给孩子示范应该怎么问些归类性的问题，比如说，与其问"那是不是一只狗"，不如问"那是不是一只动物"更有概括性。（译者注："20个问题"，由甲先想好了某个东西，然后让乙来问问题，猜测这是个什么东西。根据甲的回答，乙可以不断调整追问的方向，如果在20个提问之内猜出答案就算赢。）

给孩子机会，让他做一些合理的选择，并让孩子承担起自然后果："假如你把账面上的零花钱用掉了，那么你就没有足够的钱去跟你那帮朋友一起去看电影了。"切记不要刻意去淡化本来就没什么大不了的自然后果。

如果孩子对学校布置的功课感到很吃力，请想办法用图画、时间跨度线、地图，或者实物等，来帮助孩子动脑筋。你们不妨一起设想一些各种好玩的方式和情形。具体的经验这时仍然是孩子学习的最佳途径。

找一本简单的科学试验手册，跟孩子一起在家里玩。先和孩子聊聊可能会出现哪些试验结果，比如一起来猜着玩，而且完全不在意谁猜得对、谁说错了。

和孩子一起吃晚饭，边吃边闲聊。和孩子一起看电视，边看边说说荧屏上出现的事情。要倾听孩子跟你说了些什么。老师们都知道，亲子间能良好沟通的家庭往往能出好学生。

继续大声读书。鼓励孩子背诵一些好诗好文。不妨来一个家庭连环阅读。

帮助孩子动脑筋的时候，要尊重他的一些幼稚想法和做法；要记住他思考的方式肯定会跟你不一样。

简·希利博士同时也指出，某些特别的环境因素能够对孩子造成负面影响。接触到铅毒、甲醛、杀虫剂等毒素以及某些药物，有可能造成孩子行为反常。在工作中需要接触到杀虫剂等物质的家长一定要注意，你身上的毒素有可能被你带回家中，通过衣物或者哺乳传递给孩子。另外，孩子的饮食也很重要，比如，蛋白质不充足有可能导致孩子大脑发育的滞后；还有调查研究显示，相当一部分数量的食物有可能是造成孩子学习吃力的罪魁祸首。这一研究领域目前正迅速推进，家长不但要时刻关注这方面的消息，而且还要认真仔细地查看孩子日常生活中是否有哪些潜在的危害，如果有任何疑问的话应该去请教自己的家庭医生。（译者注：按照美国的医疗体系，每个家庭可以选择自己喜欢的医生，叫作"家庭医生"。一旦选定以后一般很少变动，日常保健都找家庭医生。如果病情需要看专科医生，则通过家庭医生转诊指定的专科医生。）

8
Chapter

学习能力跨越式提高——

九岁孩子的
学校生活

学校给九岁孩子带来了很多新的挑战，在美国他们正好上四年级。要胜任四年级的功课，不但需要孩子具备新的思维方式、新的抽象观念，还需要孩子用全新的方法来运用以前学过的、如今或多或少能记住的一些知识，所以孩子在九岁时学习能力有了跨越式的提高，而且他们大多也都愿意努力学习。整体说来，正常的九岁孩子能够适应学校生活，但是家长们此时也要多关注自己的九岁小少年，分析他是否真的适合上四年级，并且要客观地分析、对待孩子在学习中出现的"特殊问题"。

1. 九岁孩子的学校生活及
正常表现

    学校生活，对九岁孩子来说，和一年前相比又有了很大的变化。四年级要学习的功课不仅仅是算术，还增加了几何，这比他八岁上三年级时的功课要求难度又高了许多。

❖ 四年级要求孩子在学习上有一种跨越式的提高

    在此之前的数年间，每升高一年级，功课要求的难度比上一年都似乎只是增加一点点。而现在却遇到了一个巨大的跨越：要胜任四年级的功课，不但需要孩子具备新的思维方式、新的抽象观念，还需要孩子用全新的方法来运用以前学过的、如今或多或少能记住的一些知识。

老师们都很清楚，对四年级小学生的要求是一种跨越式的提高，但是，许多家长却并不了解这一点。因此，假如过去一直学得很好的孩子，如今忽然出乎意料地变得学习很吃力，这往往会令家长感到十分不可思议。

我们从孩子刚开始上学就反复提醒家长，一定要确认孩子所就读的年级是否和孩子的成熟水平相吻合，这一点非常重要。而我们之所以要再三提醒，这四年级对孩子的额外要求，恰恰就是我们的重要理由之一。一个可能从小就过早上学的孩子，因为他本身的聪明，也因为家庭良好的背景，在过去这几年中他往往很有可能比较顺利地走过了小学最初的三个年级，而且这也常常就是事实。

但是，一旦进入四年级，面对功课上难度高出很多的要求，过早上学的孩子往往这时才会清晰地显露出他的过于年幼。而孩子的父母这时则往往不得不痛苦地面对一个事实——本来应该挺有能力的孩子，怎么就在四年级跟不上趟了呢？这可该怎么办？

在孩子很小的时候让孩子留级一年，在大多数情况下都不是什么太麻烦的事情，但是，到了四年级的时候让孩子留级，很多家长都会觉得已经太晚了。其实，这并不算太晚，还来得及。当然，如果能更早就让孩子留级一年那就更好了；如果能一开始就不要过早送孩子上学（哪怕是小学学前班），而是通过行为能力和成熟程度的各项测试，确保孩子真的已经充分准备好了，再送去上学，那就更好了。

❖ 判定孩子是否适合上四年级的参考标准

我们希望，你孩子的学校一直以来都会为你们提供恰当的建议，以确保你的孩子处于合适的就读年级。但是，如果学校没有这么做，而你现在又处于担忧之中，那么在这里我将会为你提供一些最能给予你帮助的提示。下面这些内容都是我曾经见证过的四年级孩子还不该上四年级的一些表现。如果你家的四年级孩子现在学得很吃力，我建议你根据下面这些内容对照一下你的孩子，看他是不是也这样。不过，在使用这份对照清单的时候，请你首先要记住两个关键点：其一，所有的孩子都会在某些时候表现出某些压力过大的现象，因此，如果下列清单中有少数几项和你的孩子相吻合，这并不意味着你的孩子肯定就读了过高的年级。其二，假如孩子真的就读了过高年级而感到压力过大，那么不论他现在读的是哪一个年级，他的许多行为表现和征兆都会是一样的。

孩子可能还不该上四年级的一些压力过大的征兆：

1. 愿意跟三年级的孩子一起玩。

2. 字迹中，楷书体和连笔字混杂在一起。

3. 不能独立完成作业，需要人监督。

4. 课堂里的每一件事情都能吸引走他的注意力。

5. 老师布置的任务只能完成一部分。

6. 喜欢在家里东看看西瞧瞧，例如跑到厨房去看看家里人中午都吃了些什么。

7. 打球或者玩游戏的时候，别人总是最后一个才选他。

8. 有些神经质的紧张动作：眨眼睛、清喉咙、挠鼻子……

9. 同样的概念需要教了再教，例如，除法、大小写的规则、标点符号的用法……

10. 害怕上五年级。

11. 什么事情都念念不忘要做得"对"。

12. 做算术的时候，需要不断地瞄一眼九九乘法表。

13. 表现出一些逃避行为。

14. 写作业的时候，总需要父母帮忙，而且总要折腾到深夜，搞得全家人都很低气压。

15. 写作业的时候，不断地弄断铅笔。

16. 他有可能找别人抄作业，因为自己觉得功课已经跟不上。

17. 该坐下来写作业的时候，常常找不到铅笔、圆珠笔、作业纸等。

18. 总是忘记在自己的作业纸上写好自己的名字、日期、题目，或者总是忘记留出恰当的余白。

19. 上课时常常走神。

20. 过了一个周末或者节假日，就忘记了上个星期刚学过的东西，因此星期一的时候老师需要再教他一遍。

❖ 九岁孩子整体上喜欢上学，并能享受学校生活

尽管不少九岁孩子的确面临着相当严峻的课业要求，但是，更多的孩子还是喜欢上学的。早上起床准备上学的一整套惯例，到了现在已经变得相当顺利，很少再有焦头烂额的忙乱了，而且大多数的孩子都已经自己承担了做好准备去上

学的许多事情。不过，话虽如此，一个九岁的小小少年还是有可能丢三落四，哪怕他头天晚上已经做好了准备，该拿的东西都放到了妥当的地方，可是，在去学校的时候，该带的东西他也仍然可能没有带齐，你还是要不时地提醒他才好。

孩子回家聊学校的话题可能比以前更多了。他尤其喜欢聊他自己的某些成功的、突出的表现，也喜欢聊聊学校发生的某些特别的事情。由于成就感对于这个年龄段的孩子来说相当重要，因此小男生和小女生往往都变得十分好强，不论是做功课还是玩耍，他们都不愿意失败，都要竭尽所能做到最好。

❖ 愿意独立完成功课，能够相对中肯地作出评价

九岁的小学生虽然有时候会去寻求老师的帮助，但是大多数情况下他更愿意自己独立完成功课。这个年龄的孩子往往能做出些相当中肯的评价。比如，你可能听见他这么说："算术是我的强项""某某人在艺术方面最为擅长"。他们大多都对彼此哪些方面最"有把握"、哪些地方最为薄弱了如指掌。注意力能比过去保持得更为长久，许多人可以专注在某一件事情上很长一段时间，而且，在他认为自己的任务还没

有高质量地完成之前，往往根本不愿意停下来。

❖ 重视自己的成绩，努力做到更好

尽管九岁孩子照常规来说都很喜欢上学，但是，如果孩子觉得学校的功课实在太难了，那么他在学校里的表现常常还不如他在低年级的时候好。许多功课跟不上趟的孩子在上课时走神、躁动不安，而且"不专心学习"。话又说回来，只要孩子不是被拔苗助长式地硬行安到了四年级，那么他自然不会觉得功课太难，也就自然会是认真好学的学生，而且通常来说都会自觉自愿地花很大的心血好好努力。

九岁的孩子在这时候有着强烈的好胜心，他们往往喜欢知道自己的成绩是多少，而且喜欢去跟其他同学攀比。不过另一方面，他又往往害怕自己的成绩不够理想而莫名担心。他这时有一些追求完美的倾向，常常对自己要求很高，他希望自己能够不出错，而且愿意别人来帮他分析出错的原因在哪里。现在他的心智更加成熟，已经能够理解"好"的错误与"坏"的错误这一新的观念了（前者指他的思路是正确的，只不过他粗心了；后者指他的思路本身有错误。这两者的性质很不一样）。他不喜欢去做"太难"的功课，比如语法作业，或者老师要他"填写一些信封，各个地址都不能出错"。

尽管有些学校已经不再提供成绩单，但是，正如前面我们刚刚所说过的，大多数的九岁孩子都愿意知道自己的成绩如何，而且喜欢拿自己的成绩去跟别人攀比。

❖ 学习过程中存在极大的个体差异

总的来说，只要孩子的确有了足够的能力上四年级，那么以孩子的角度来看，功课其实并不难。可是，另一方面，老师却往往认为四年级的功课很不好教。其原因之一就在于这个年龄的学生不但个体差异相当大，而且，他对于喜欢什么、不喜欢什么都有很固执的偏好。孩子的个体差异不论是在学习方面还是在其他行为能力方面都相当大，因此，要预测一个四年级的学生会有些什么表现，这实在是一件不容易的事情。

更何况，他现在已经不再像过去那么温顺、那么招人喜爱了。现在他在老师面前也要追求独立，即使孩子需要老师的帮助，什么时候出手相助才是合适的时机，这也需要老师好好把握分寸。如果老师太早出手，孩子可能觉得老师打扰了他思考；可是如果老师太晚出手，孩子又可能觉得老师不理睬他。

❖ 师生之间的关系少了很多私人的味道

不过，从许多方面来说，这个时候的师生关系和以前相比，少了很多私人关系的味道。九岁孩子往往更在乎他和某项功课之间的关系，而不是他和某个老师之间的关系。如果他现在不喜欢某个老师，这往往跟他不喜欢这个老师所讲授的那一门功课有关。学校现在更是一个争成绩的地方，而不再是一个那么需要跟老师讲究私人关系的地方了。

❖ 读、写、算数等能力

关于四年级学生在阅读、书写、算术等方面的能力，我们在前面的第七章中已经做了详细描述，因此在这里我们只简略地重温一下。读书的时候，九岁的学生更愿意默读而不是大声朗读出来，不过，我们还是需要时不时地让孩子大声朗读出来，这能检阅孩子的阅读能力。这个年龄段的孩子愿意迎战几乎任何单词，哪怕是他不认识的生字。实际上，他已经成为一个相当愿意涉足新领域的小小书生。

孩子的字迹，尤其是女孩子的字迹，在这个时候变得更小、更整齐。写字已经不算怎么吃力了，只不过男孩子的字迹可能会仍然偏重些。理所当然，九岁孩子往往对自己的笔迹相当挑剔，因此，字是肯定比以前写得更好了。只不过，也不是每个孩子都能写得很好。

算术大约是四年级学生谈论得最多的学科之一。他对此要么"爱"要么"恨"。不过，虽然这种负面的情绪有些时候在所难免，大多数的九岁孩子其实在这一学科上都学得挺好。他已经熟记了好多种不同的算数组合，而且知道自己在哪些组合情况下容易出错。虽然他喜欢向人炫耀他多位数除法的本事，不过他还不懂得要自觉检查算式中是否有错。如果出了错，他愿意知道他是怎么出的错，乐于接受老师针对他的演算一步步地分析，从而找出他在什么地方算错了数。

❖ 不同的性别对学习的影响

在这里，我们还要针对性别多说几句。一组研究人员在我们的督导下完成了一项调查研究，即针对男女两组九岁的学生调查他们的学习表现。结果证实，男女学生的学习表现有着实质性的巨大差异。这项研究表明，女学生在有关阅读、书写、文学等方面的表现都优于男学生。即使是在其他学科领域里，但凡是需要书写技能的练习，女学生也往往表现得比男学生好。

而且，在某些很讲究学习心态的学科方面，例如音乐学、社会学、文学、职业兴趣培养等，女生也往往显露出比男生更为积极而正面的心态来。但是，在科学以及数学方面，很明显男生要比女生占优势，唯有数数和算数例外。在男生不如女生知识丰富的科目中，文学占据主导地位；除此之外，还有在音乐这一领域里，男生不及女生知道的多。

❖ 自制力增强，为完成任务全力以赴

在课堂纪律方面，总的来说，九岁的孩子比以前更有秩序了，而且课堂作业也完成得更好了。一个学术上的、课业上的难题，现在真的能促进他自己动脑筋思考，而不再像过去那般遇到困难就立即去寻求老师的帮助。这个年龄的孩子也往往有了更好的自制力，如果老师交代给他一项有难度的任务，告诉他需要在多少时间之内完成多少任务量，那么通常来说，他都能自觉去完成。

九岁的孩子会全力以赴去完成一项新得到的任务。他往往喜欢自己去做，而且每个孩子都会按照他自己的方式、自己的步调、在他力所能及的范围之内各显神通。九岁孩子已经知道利用学校里多余出来的时间认真完成手上的事情，而

不再像以前那样仅仅是为了打发时间而找些什么来做。

❖ 九岁的小学生在学校里的典型行为

九岁的小学生在学校里的典型行为，看来恰好证明了我们以前通过更为直接的观察所得出的结论：其一，在九岁的年龄段里，每个不同的孩子之间所显现出来的个体差异，比以前任何其他年龄段都更为巨大；其二，这时孩子的情绪波动也有相当大的起伏，跟八岁时候的浅显相比，他的情感更具有深度。与一年前相比，他现在待人处世更有鉴别能力，也因此对他人更为挑剔。许多孩子在八岁的时候出现的一些行为能力方面的发展苗头，例如孩子的敏感程度，到了九岁则变得越发清晰。还有，他遇到不顺时的抱怨更多了，需要做抉择的时候也显然比八岁更费思量。

总而言之，学校给九岁孩子带来了很多新的挑战，但是他们也大多都愿意学习努力。有些老师告诉我们说，尽管四年级不算是一个容易相处的年龄段，但显然是非常有意思的一个年级。在家里也和在学校里一样，你家典型的九岁孩子是一个格外让人喜爱的小小少年。

2. "特殊"孩子的状况分析

上面我们所讨论的，是在学校里表现正常的九岁孩子，也就是没有什么特别困难的孩子。然而，不论在哪一个年级，都会有许多孩子可能遇到一些学习上的特殊困难。这里我们将针对三方面（或者说是三个不同类别）的学习困难，也就是阅读障碍、多动症以及所谓的"学习能力低下"（且不论这标签给孩子贴得恰当与否），说说我们自己的看法。我们也还要跟大家讨论一下另一种特别的情况，也往往是人们所愿意遇到的一种情况：天资卓越的孩子。最后我们还会针对环境给孩子带来的影响简单说几句：单亲家庭带给孩子的不同影响。

❖ 阅读障碍

和过去几十年相比（译者注：指 20 世纪 60~80 年代前后），阅读障碍这个词汇我们现在听到的要少了许多。在学校里学习吃力的孩子如今大约更有可能会被贴上一个"学习能力低下"的标签。不过不论怎么说，阅读障碍这个术语，和许多其他具有贬低意义的标签一样，跟真实状况相比仍然可能遭到更广泛的滥用。

这一术语的真正所指常常无非是孩子"阅读有困难"或者"读得慢"。这正如我们的同事西德尼·贝克博士曾经指出的那样，在这些所谓的有阅读障碍的孩子当中，读书读得吃力的孩子不见得就比读书读得慢的多。也就是说，把阅读障碍当作一种病患，是一种不恰当的论断，然而不幸的是很多人却偏要这样给别人妄下结论。

阅读专家黛安·麦吉尼斯在她的著作《孩子不肯学的时候》一书中，表述了相同的看法。人们普遍认为，一个人若是阅读有困难，这往往跟他某些器官不能正常工作有关，因此患有阅读障碍就跟患有白血病一样，是身体上的问题。但是，黛安·麦吉尼斯却持与此完全相反的看法。她在该书中指出，假如孩子的阅读能力达不到他所处的年级所要求的水平，或者是一个孩子被贴上了"阅读障碍"的标签，那么不少人所说的、所想的就仿佛是这孩子的大脑有什么毛病似的。

然而，男孩子总的来说在阅读方面的学习进度比女孩子要慢一点，这一事实从来如此。尽管有些女权主义者坚称男孩子跟女孩子一样善于读书，而且跟女孩子一样善于早早读书（这些女权主义者也同样坚称，女孩子在数学方面和男孩子一样擅长，只不过女孩子不认为自己这么有本事而已，她只是患有"数学恐惧症"罢了），但事实却是，男学生和女学生不但真有差异，而且还有很大的差异。总的来说，根据可靠数据显示，在阅读能力低下的孩子当中，男孩子占了75%以上的比率。

麦吉尼斯指出，这种四个孩子当中有三个是男孩子的比率，从统计学上来说是不可能的。而之所以出现了这样的统计结果，这说明了我们的统计数据必定有误。我们的统计依据是，假如一个孩子的阅读能力比他的年龄规范偏低两年，他往往会被选出来送去接受阅读辅导。问题是我们在设定年龄规范的时候，却忘记了必须考虑这样一个事实：平均来说，男孩子阅读能力的成长进度要比女孩子慢一大截。

不幸的是，男女学生的年龄规范并没有得到区别对待。假如女学生的阅读能力低于她的年龄规范两年就该被选出来送去接受阅读辅导。男学生也是，假如比其他同龄男孩的阅读能力低两年就该被选出来，那么，男女学生的比例就应该是1∶1。

然而，目前需要接受阅读辅导的孩子，却包括了男女双方平均考试成绩低于年龄规范两年的所有孩子。而由于女生在语言表达能力上比男孩子发育得更快，包括阅读能力也是如此，因此，这一筛选程序对男生过于不公平。

换句话说，如果我们的统计数据的规范按男女分出不同标准，那么现在被判为"有阅读障碍"的男生当中，将有很大概率的一部分人属于虽然偏慢但仍在正常范围之内，因此，以这一筛选程序所筛选出来的所谓"有阅读障碍"的男生，数量将大大降低。实际上，麦吉尼斯认为，如果我们能够为男女学生设立两套不同的规范标准，那么一夜之间就会有10%的男生（这可是上百万数量之巨）变回符合男学生年龄规范的正常孩子。

因此，假如有人判定你的孩子（尤其是你的儿子）"有阅读障碍"，那么在你认同这一诊断之前，请你务必仔细审核所有事实。这孩子是完全没有阅读能力，还是他的阅读能力只不过低了一年？比如说，孩子年龄虽然在七岁，但还是会把字母看颠倒，就像一个五岁半孩子所常见的情况那样？他是真的有很严重的问题，还是只不过阅读能力的进展偏慢了一些？

❖ 多动症

关于"多动症"的整个问题，不论是针对哪一个年龄段的孩子，都已经远远超越了我们这本书所能涵盖的范围。但是，正是因为有太多的孩子由于上学吃力而被判为多动症，我们必须在这里简略谈论一下。

尽管有些人一说到"多动症"就仿佛是在谈论某种疾病，但是，任何一个更为谨慎的人都应该明白，"多动症"是指一个孩子做事情漫无目的、不假思索、精力不集中、身体不协调、烦躁不安，过于好动。其典型表现是，一个孩子几乎无休无止地动来动去，而且没完没了地说个不停，制造各种噪音等其他这类很打扰他人的行为。一个多动症的孩子往往暴躁易怒、过于敏感、情绪起伏剧烈，而且没有谁能够预期他下一步可能会做什么。他对挫折的承受能力也十分低下。

虽然并非所有的多动症孩子都同时是学习能力低下的孩子，但是，大多数孩子都会是如此，而且这类孩子不但在学校里很吃力，在家里也一样。由于多动症孩子在学校里太能惹麻烦，人们常常给他服用药物使得他安静一些。毫无疑问，药物的确能让大多数的这类孩子安静下来，有些医生甚至建议给孩子短期服用镇静剂，目的无非就是为了"让那孩子从墙上爬下来"。

然而，正如我们的同僚雷·文德利希博士所说，这种太过于惯例性的药物治疗其实是有危险性的，例如利他林（盐酸哌甲酯）、安定（硫利达嗪）、培脑灵（匹莫林）等药物，都有可能造成血液疾病或者眼科疾病，还有可能抑制食欲、导致失眠，等等。

我们反对长期使用药物治疗多动症的另一个重要原因，是它阻挠了人们对导致孩子如此表现的真正原因做进一步的探索。真正的原因肯定有很多，而一个医生最应该起作用的地方，往往是从孩子的身体方面查找原因，尤其是从孩子对摄入或者吸入某些物质的过敏反应着手。

多动症孩子常常伴有某些形式的过敏症，而最常见的也许要首推神经性过敏，也就是"脑神经过敏"。毋庸置疑每个孩子都与众不同，但是，孩子摄入的某些食物却常常很一致地与神经性过敏有关，例如白糖、牛奶、柑橘类产品、小麦等各种含有面筋的谷类、玉米、巧克力、鸡蛋、某些果仁、鱼类以及浆果类……其实，任何一种食物都有可能导致多动症行为。

究竟哪些食物会引起孩子的多动症行为，我们可以从孩子的饮食入手加以查找。通常来说，孩子最偏爱的食物，每天吃得最频繁、摄入量最大的食物，往往是最值得怀疑的品种。要寻找出哪些特别的食物是罪魁祸首，医生们最常推荐的方法是在医护监督下的饮食隔离法。在选择隔离食物的种类时，你应该首先考虑孩子最常吃的、吃得最多的食物。一旦选定之后，这类食物你应该替孩子彻底断绝三个星期左右。然后，你可以一样一样地重新提供给孩子试吃，记住每次只能试吃一样，每一样试验期大约为五到七天。如果在试吃过程中发现任何食物跟孩子的多动症行为相关联，那么这一种食物你应该替孩子彻底隔绝至少三个月以上。

　　三个月以后，这一种食物你可以小心谨慎地让孩子重新试吃。如果"开戒"之后并没有引发孩子任何症状，那么这一种食物可以重新归入孩子的日常饮食之中。但是，家长和医生都需要记住，这种食物如果吃得太频繁、太大量，仍有可能导致孩子出现问题。

　　著名的本·范戈尔德博士认为，所有的食物添加剂都有可能导致食物过敏，都有可能是导致多动症行为的罪魁祸首。不过，许多医生和家长都已经了解，仅仅遵照法范尔德博士这一条饮食告诫，尚不足以消除孩子的多动症行为。白糖、牛奶、小麦、柑橘类果汁固然是最常见的祸根，但是，针对不同的孩子，究竟哪些特别的食物对孩子有危害，往往还是需要医生和父母做认真细致的调查工作。

我们这里有一封家长来信，妈妈向我们报告了她可喜的成功：针对她多动的、过敏的孩子，她尝试了食物隔离。

亲爱的埃姆斯博士：

针对曾经极为多动的儿子雷蒙德的进步，请问可否允许我丈夫和我与你分享我们获得的巨大帮助？雷蒙德今年九岁，服用利他林已经有一段日子了，可是却一直没有什么好的效果。根据你的建议，我们为他安排了视觉训练（他除了过于好动之外，还有十分严重的视觉问题），还带他去了一家以"正分子医学"为治疗手段的诊所。

治疗结果非常显著，这家诊所改变了我们家所有人的生活轨迹。我们不再吃糖，也不再吃任何经过精加工的食品。他们告诉我们说，雷蒙德的"多动症"仅仅是一种过敏反应，而这种反应是食物在代谢过程中一定时期内所发生的现象。

尽管雷蒙德现在手指的肢体动作仍然不够协调

和灵敏，他的视觉能力也算不得完美，但是，毫无疑问目前的顺势疗法的疗效非常好。而据我所知，这是为了强化他的基本的体质、改善他体内的一些化学物质的失衡而进行的治疗。

❖ 学习能力低下

孩子在学校里学得很吃力，往往自有他一定的缘由在那里。我们并非有意在诋毁这一事实。然而，我们针对"学习能力低下"这一术语的看法，是人们使用得太频繁，也太轻率了。人们随意使用这一术语，就仿佛它是腮腺炎或麻疹之类的病症，而且似乎只要把孩子扔进"学习能力低下"特殊班，就能万事大吉了。

孩子上学很吃力的原因，我们认为主要由以下一些因素造成，而这些原因无一需要被贴上"学习能力低下"的标签。

根据我们的经验，孩子学习很吃力的最为常见的首要原因，就是孩子上学太早，哪怕本来是一个非常有天赋的孩子。结果，孩子从一开始就被放进了不适合他的更高年级。

原因之二，有些孩子不算很聪明。尽管不少学校往往会漠视这一事实而让这样的孩子随大流，但是实际上有些孩子并不适合这种随大流的教育体制。

其三，也很常见，即孩子的身体有些问题需要解决。这常常是最容易解决的一个问题，只要我们改变孩子的饮食结构，或者保护孩子避开某些导致他过敏的物质，孩子的状况就能得到很大的改善。

其四，非常之常见，而且也是很容易就能拿出改善措施的，是孩子的视觉不良，或者听力不良。

其五，孩子可能有某种特别的阅读困扰，又或者孩子可能在学业上不算是非常聪颖，因此他的学习成绩的确相当糟糕。这一领域公认的专家塞缪尔·柯克，在20世纪70年代，曾经针对来自21个州的向儿童服务示范中心报名的3000名"学习能力低下"儿童做了一次调查，结果表明，这群孩子中的大多数只是在阅读、拼写、算术等方面处于中等偏下的水平而已。他指出，这一结果让人难免感到疑惑：这种程度的不良成绩，是否当真可以被判定为某种程度的"学习能力低下"。

其六，孩子有情绪困扰的话，也能导致学习跟不上趟，这可以通过心理疗法进行治疗。

其七，孩子的偏科也可能导致学习上的某些困难。有些孩子虽然可能在某些方面天赋很好，因此某些学科表现出色，但是另一些学科却糟糕得惨不忍睹。

其八，有时候老师的教授方式与学生的学习方式不相符，也能导致孩子成绩不好。比如，孩子的思考方式是形象思维，而老师却习惯用抽象思维方式来教授课程。

现在，"学习能力低下"这一术语人们越来越严重地过度使用。伯顿·布拉特博士对此评论说：美国人好像爱上了"轻微脑功能障碍"或者是"学习能力低下"这些术语，也就是"脑损伤"这个旧词汇的一种更为流行而且更现代派的说法。尽管这些新术语的初衷是好的，但是它带来的害处实际上却不见得比好处更少。

假如，"学习能力低下"只用于不超过也许5%的学习很困难的孩子，而且不包括因为发育不够成熟、某方面的智商不够高、视力以及听力不够好、有特定的阅读困难、对某些食物过敏或者是对环境中的某些物质过敏以及其他可以理解的特殊困难等的这类孩子，那么，这个术语未尝不可以用，也未尝不会起到真正的作用。

但是，假如整个学校里有30%甚至更多的学生被认为是"学习能力低下"，那么很显然人们是想借用这一术语来"眉毛胡子一把抓"，企图把各种各样几乎毫不相关的问题原因囊括其中。

如果我们把这些"眉毛胡子一把抓"的各种原因加以分

辨和区别，那么至少能得到两大好处。其一，被贴上了"学习能力低下"标签的孩子将以超过半数的比例大大减少；其二，这剩下的一小半仍然背着标签的孩子，只要我们针对每个孩子的问题寻找其特有的原因（但凡能够找得出来的都要去找），那么，这必定能为我们解决这一个个的问题指明方向。

❖ 具有天赋的孩子

几乎人人都认为，孩子有天赋是一件好事情。可是，许多人却迷茫于该怎么确认一个孩子是否具有某种天赋。不消说，最常见的确认天赋的标准是一个孩子所拥有的智商数（人们大都认为智商达到或者超过 140 就算是天才）。孩子的创造力可以是第二个指标，尽管这一点很难测定。某些孩子具有非常突出的领导才能，这也可以算是天赋孩子的一个指标。不同寻常的体育才能也是一个天才指标。

普丽西拉·韦尔的《天才儿童的世界》，是一本内容丰富的书，里面列出了更多如何鉴别一个天才孩子的特征。你也许愿意借鉴一下她的这本书，看看能否借此来鉴别一下你的九岁孩子是不是也有这些特征。

首先，面对一份全新的学习内容，许多具有天赋的孩子可能已经知道了其中大部分的内容，只有一小部分才是需要新学习的东西。就仿佛是很多知识或者概念都已经"潜伏"在他心里了，现在只需一经提醒就能很快运用到生活之中。

另一个特征，是一个天资聪颖的孩子往往在某些方面表现出相当明显的模式：他很容易注意到音乐中的间隔、雕塑中的形状和空间、数目之中的比例关系、历史中的重复性……

第三个特征，是孩子在精力上的天赋，包括体力上的精力充足以及心理力量上的精力充沛。

好奇心也是具有天赋的孩子的一个特征，孩子做事情的驱动力和专注力也一样。只不过，好奇心，尤其是非常幼小孩子的好奇心，往往也能让父母十分抓狂。

好记性也是如此。大多数天赋卓绝的孩子往往也都有非常突出的好记性。他也常常（当然，也不总是如此）很有同情心。一个富有同情心的人往往能够直觉地感受到他人的感觉。

具有天赋的孩子往往也具有更高的感知力。不过这一特点却是一把双刃剑。天赋卓越的孩子总是给自己设定非常高的标准，而他超常的感知力则会让他因为洞悉他想要达到的高度与他能够达到的高度之间有差距而感到痛苦。（这样的孩子也往往对别人有很高的要求标准。）

最后，具有天赋的孩子也往往具有更开阔的思维。他不仅不会喜欢人云亦云，而且显然很喜欢思考开放式的、没有确定答案的问题，因为他会把无限的可能性看作一种享受，而不是让人惧怕的危险。

假如你认为孩子真有可能是一个天才，那么，下一步该怎么办？要尽最大可能为孩子提供最好的教育，父母和学校应该做些什么？

所有天才孩子的家长都有一个共同的担忧：什么才是针对自己那天资卓越的孩子最好的教育方式？最常见的三个办法是：跳入更高年级、分出特别班级、丰富与提高。

这三者之首，也就是简单地让孩子跳入更高年级，可能是人们最为常见的做法。但是与此同时，这也可能是对孩子最为有害的做法。不论一个孩子某方面的天赋有多么卓绝，他都需要生活在他的同龄人之中，至少也须是相当长的一段时期。作者韦尔女士认为："给孩子升级，让孩子进入比他的常规学龄提前一至两年的环境中，孩子所面临的交友上以及情感上的负面影响，往往最终会盖过孩子原有的优势。"

第二个可能的办法，通常是由学校自然而然替这些孩子分出的特别班级。在很多知名的好中学里都会设立这样的班级。韦尔女士指出，"一所明智的学校，应该在它的学生以及教师队伍中精心协调各种人才的平衡，包括在理性、科学、艺术及道德等方面有特长的人才平衡。"

而第三条，丰富与提高，则可以有很多不同的途径，既可以是普通的学校为孩子有意设立一些特别的课业内容或者项目，让孩子利用在校时间独立完成，也可以是校外时间里的各种活动。

不消说，我们可以为孩子提供丰富多彩的课余活动，而这些具有天赋的孩子往往只需要我们的一点点鼓励或者建议，就可以自己钻研下去。这些活动可以包括阅读、看电视（电视不见得只是坏东西）、听收音机、解谜（迷宫、谜语、拼图等）、收集……

韦尔女士还提出了一些具体的建议给孩子，例如，写一本关于他自己的书（不一定非要长篇大作不可），许多孩子都会喜欢做这件事情。还有，寻宝游戏（译者注：需要解密码、破谜面、猜谜图、寻找线索等）、开放式的非竞争游戏等等，都可以让孩子兴致勃勃地玩上好几个钟头。孩子还可以从我们身边的成千上万的不同形状或者图案中选择某几项出来，比如圆形与对称图形就是很好的例子，然后，看看他能在生活中找到多少他选中的图形或者图案、出现的比例有多高……

还有一种做法是一边听音乐一边绘画，还有就是做一本绘画图册。

最后，韦尔女士还建议孩子从事各种能够产生出某种特定结果来的活动，她称之为产出性活动，例如，弹奏各种乐器、各种绘画与雕塑、写作、建造、烹饪、种植、摄影、手工制作……

很显然，我们还可以有很多很多种不同的方法让一个具有天赋的孩子沉浸其中，享乐其中，既不一定要跟课业有关，也不一定需要有他人陪伴。而且，天资聪颖的孩子往往自己就能想出许多的好办法来。当然，有时候你的一点提示还是会对他很有帮助的。

❖ 学校可以帮助单亲家庭的孩子

在今天的学校当中，平均大约有 20% 的学生来自于单亲家庭。实际上，在不少学校里这一数据甚至将近 50%。

评论员万斯·帕卡德在他翔实的新书《我们濒危的孩子》中指出，学校在儿童经历离婚等家庭危机时能够起到重要的缓解作用。"当一个家庭中孩子的世界坍塌下来的时候，学校可以成为孩子栖息的一个小小岛屿，让他找到一定的安稳，得到一定的安抚。"

目前，我们全国各地的学校已经为这样的孩子做了这么些事情：

在美国加利福尼亚州的圣布鲁诺市，罗米塔公园学校淘汰了原来的父子宴会和母女茶会。相反，他们设立了一个双亲嘉奖宴会。

有的学校考虑到星期一可能是一个特别烦恼的日子，因为有些孩子周末可能跟非监护方的离异父母一起度过，因此会尽量包容这样的现实。

有的社区对教师开设专门的培训，以关注孩子因为家庭问题而可能出现的变化：体重忽然增加或者减少、情绪不稳定、没法专心学习、感到疲倦、用负面行为来寻求老师的关注……

美国小学校长全国协会提出倡议，由学校提供课前以及课后校内活动，以缓解父母照顾孩子的压力。

如果班级中由母亲当户主的孩子比例偏高的话，那么小学里显然很需要有男性老师。

有些情况下学校很难跟学生的离异父母保持联系。由于一部分家长认为他们的婚姻状况是个人隐私，因此有些明智的学校会给家长送去标准格式的联络表，表中要求填写学生及其父亲、母亲的地址和电话。如果联络表中父亲与母亲的地址不一样，学校会留意这一点，而且会竭力留取监护方与非监护方的最新的家庭电话和工作电话，以便万一有紧急事件时能及时联络到他们。

有的学校为孩子们准备了不同于"妈妈、爸爸、狄克、简"这类故事的图书（译者注："妈妈、爸爸、狄克、简"故事，是20世纪30年代问世的幼儿识字系列绘本，绘本故事的家庭背景是慈爱的双亲、活泼可爱的小兄妹），让孩子们通过丰富的图书可以看到各种不同的家庭模式。

还有一些单亲家庭学生比例超过三分之一的学校，特意为孩子们开设了课程讲解不同类型家庭以及家庭变化的必然性。正如一位上过这堂课程的女学生所说的那样，"这些课程能让你感觉到你不再孤独。"

是的，帕卡德说得不错，这是一个充满危险的世界，但是，我们所有成年人，不论是在家里还是在学校里，都应当尽我们所能来帮助孩子，让孩子能够比较顺利地度过在不同家庭以及家庭变迁中面临的困境。

9

Chapter

依据年龄特点做周密计划——

九岁孩子的
生日派对

　　九岁的孩子个体差异很大，他们个个都有非常鲜明的好恶，而且个个都很不屑于掩饰他们如此鲜明的好恶。因此，一个想要主持九岁孩子生日派对的成年人，请务必要牢记九岁孩子的突出特点。若想让九岁孩子在派对上玩得开心，就一定要把握好九岁孩子的特点，依据其特点事先做好周密、详细的计划。游戏活动一定要非常有趣好玩，如果可能的话最好是很不同寻常的活动。同时，男孩女孩的派对也要区别对待。

九岁孩子的生日派对，并不是一个肯定能圆满成功的派对。假如说是十岁派对的话，十岁的孩子大多都很友善，不但知道感激，而且很容易对成年人的刻意安排感到满足。但是，九岁的孩子却完全不是这么回事。首先，九岁的孩子个个都非常不一样；其次他们个个都有非常鲜明的好恶，而且个个都很不屑于掩饰他们如此鲜明的好恶。同样的活动，这个孩子高兴得欢呼雀跃，那个孩子却觉得无聊透顶，而且他们都还毫无遮掩。九岁的生日派对跟八岁也完全不同，八岁的他可以在派对上自得其乐，虽然孩子们在派对上有可能太调皮捣蛋，以至于让负责主持派对的成年人叫苦不迭。

　　因此，一个想要主持九岁孩子生日派对的成年人，请务必要牢记九岁孩子的突出特点。否则的话，你很有可能吃力不讨好。因为，跟他以前相比，你很难让九岁孩子玩得开心，很难抓得住他的心思。若想让九岁孩子在派对上玩得开心，游戏活动一定要非常有趣好玩，如果可能的话最好是很不同寻常的活动。

1. 根据九岁的特点策划其生日派对

了解下列这个年龄段的突出特点，对你筹划一个成功的九岁生日派对一定大有裨益：

❖ 选择适合的游戏

首先，九岁孩子非常喜欢竞赛，而且非常喜欢炫耀他的本事（他常常还真有些能耐）。因此，我们强力推荐你给孩子们安排一些竞技性比较强的、能让他们各显神通的游戏活动。

九岁孩子也往往是真正的"小商人"。因此，如果能在派对上给他们提供"货物"以及"交易所"，让他们互相交换小东西，那也会是一个比较理想的选择。

❖ 要有足够大的空间

还有，大多数九岁孩子都有很好的体力和精力，他们不但喜欢而且需要有足够的活动让他们消耗掉一部分能量，因此也需要充足的空间（最好是在户外）供他们施展身手。

❖ 事先做好周密、详细的计划

九岁的孩子仍然十分年幼，他还做不到自己控制好自己的行为。因此，如果孩子觉得太不好玩了，或者刺激过头了，或者成年人疏于督导，那么他们很容易陷入"打成一片"的混乱局面中，尤其是一群男孩子的话那就更是如此。因此，周详的计划、严谨的组织、合理的时间安排以及强悍而且有能力的成年人"镇场子"，这些都非常重要。

❖ 举办派对的场所

跟其他年龄一样，如今越来越多的家长选择在麦当劳、汉堡王等各种提供特别儿童服务的餐厅里举办生日派对。这么做会让父母省很多事情，而且也不见得会多花多少钱。

　　还有就是可以参照孩子八岁时候的做法，很多家庭都愿意带孩子们去附近的保龄球馆、迷你高尔夫球场以及生活小区内提供的其他类似场所。这么做至少也能减少主持派对的小寿星家长的工作量，让别人带着小客人们玩一阵子。

2. 前期准备

❖ 成功的关键

在这里，成功的关键须是格外周详的预先计划，而且须是比其他任何年龄段的生日派对都要更为仔细的筹备才行。这样的计划能预防两个可能相反的危险：九岁孩子很容易变得要么兴奋过头，要么无聊透顶。而这两者显然都可能破坏掉整个派对。为九岁孩子准备的派对，不但要给他们机会去消耗无穷无尽的精力，还要为他们预备接连不断的挑战，所以，最有效的活动往往是各种竞赛，一对一的竞赛或者甲乙两队的竞赛，循环赛或者接力赛都可以。也可以设计一些主题活动，例如西部牛仔主题、海盗主题，或者是棒球主题。

这种主题活动既能够激发孩子的想象力，又能够使得派对活动井井有条。

❖ 小客人的数量

因为两队竞赛的活动非常有趣，因此派对上小朋友的人数最好能是双数。九个小客人加上一个小寿星，应该是一个不错的数量。大多数孩子都更愿意请同性别的小朋友。

❖ 成年人的数量

妈妈加上一两个成年助手（如果可能的话，最好包括爸爸），或许再加上小寿星的哥哥或者姐姐，应该就能顾得过来了。成年人需要坚定而自信，遇到情况时给出的指令要果断而且明确。

3. 时间安排

　　九岁孩子的生日派对可以延长到三个小时。因此派对在时间上可以安排在中午12点到下午3点。第一个小时结束的时候，可以给孩子们提供一些精心准备的食物，冰激凌和生日蛋糕则应该在最后半小时拿出来吃。

　　假设我们要举行的是一个在家中举办的生日会，不去保龄球馆也不去其他娱乐场所，那么具体的时间安排应该是这样的。（备注：我们这里将要描述的是一个西部牛仔主题的女孩子生日派对。如果你想要举办不同主题的派对，那么你需要自己安排细节内容，并且根据下列时间表详细拟订你自己的时间表。如果下面的这些活动内容对你来说实在是太烦琐了，那么你最好到附近某家快餐厅里去举办派对。）

❖ 12:00～12:10　换装时间

邀请孩子们换上和派对主题相称的衣装。小客人自己不需要带特别的衣装来，普通的牛仔裤、套头衫或者夹克衫就好。在院子的门口可以挂一个招牌，写上"朵樱农庄"（以孩子的名字冠之）。小客人一进来就戴上"朵樱农庄"的标志（用胶带纸贴到孩子的牛仔裤上）。

❖ 12:10～12:20　寻宝游戏时间

寻宝游戏，名曰"围捕"。院子里藏着各种"宝藏"，诸如警官的胸徽、马钉、箭羽、手帕、鞍鞯、套绳、牛（小玩偶）、马车轮等等（都是西部牛仔农庄主题的小玩意）。

❖ 12:20～12:50　竞技游戏时间

举行一连串可以各显身手的竞技游戏。比如说"赶小牛"，也就是拿一根三尺长的棍子"骑竹马"，一边"骑马"脚下一边踢着一个球往前跑大约六米远，最终踢进一个纸袋子里。每场比赛都是限时赛。还有一个竞赛游戏叫"填水槽"，参赛的孩子需要拿一个细长脖的水壶，灌满了水以后跑去倒到大深锅里。这也是限时赛。

❖ 12:50 ～ 13:20　闲散随意午餐时间

闲散随意的午餐，比如说用纸袋装着的三明治，可以方便孩子拿着在屋里吃。用一个大咖啡壶为孩子们准备一壶可可饮料。同时，不妨用放音机播放一张牛仔风格的音乐唱片，也可以拿把吉他，给孩子们来点儿背景音乐。刚开始的时候孩子们可以边吃边听，到了后来则可能跟着你一起唱起歌来。

❖ 13:20 ～ 13:40　安静的室内活动时间

安静的室内活动，小寿星拆看礼物。可以来一个简单的游戏，比如"瞎子骑大马"，孩子需要蒙上眼睛，先在纸上画一匹马，然后手要抬起来离开纸面（但是眼睛要继续蒙着），再回到纸面上，接着画一个骑手。

❖ 13:40～14:25 户外小组接力赛时间

户外小组接力赛。每项接力赛都应该有一个不同的"牛仔式"的名称。例如"野马奔腾"，每个孩子骑着一根竹马，奔向目标绕一圈再跑回本队，换下一个队友接着跑。另一个游戏叫"小心响尾蛇"，先用两条平行的绳子拦出一小段"跑道"来，"跑道"中间散乱地摆一些气球在地上，孩子可以骑着竹马跑，也可以空着手跑，遇到气球时孩子要跳跃过去，不能把气球弄爆了。还有一个接力赛叫"骑手跳马"，第一个孩子冲出去赶紧蹲下，第二个孩子冲上去从她身上跳过去，然后也赶紧蹲下；就这么一个一个接下去，一直"跳"到终点。

❖ 14:25～14:35 休息时间

小客人们需要稍微休息一下了，也许刚才的小队接力赛已经让他们累得瘫倒在地了。

❖ 14:35 ～ 15:00　领奖品、分享生日蛋糕时间

回到室内，孩子们领取刚才的个人赛以及集体赛的奖品，也就是各种小礼品，同时分享生日蛋糕，吃冰激凌。

4. 温馨小提示

❖ 小女生的派对

"西部牛仔"主题的派对，是难度最大的派对之一，因为这要求你必须事先做很多的周密安排，准备很多的道具。在派对上孩子很有可能在一起扭扭打打，或者自己去看漫画书，或者干脆坐在那里无聊地发呆。但是，如果你成功了的话，这一"牛仔派对"则可能是你给孩子最好的礼物，因为这个年龄的孩子不但非常喜欢好玩的派对，而且会毫不遮掩地畅快地表达出她的喜悦和欢乐。

要等一个好天来举行派对，这很重要，所以这一生日派对有可能因为天气不好而延迟。不过好在九岁的孩子大多数都能受得了这种延迟及其带来的失望。

由于这个年龄的孩子不但争强而且好胜，因此，小队接力赛的时候，队员一定要频频重组，否则的话，如果一个小队中始终有一个"小拖累"，那么这整个小队到了后来就肯定会怨声载道。

这个年龄的孩子很喜欢互换东西，小客人们也许不但愿意相互交换他们得到的小奖品，甚至还愿意相互交换他们手上的三明治。因此，就连三明治也要多准备几个不同的品种。

小奖品非常重要，这和其他年龄的生日派对是一样的。但是，因为胜利感和成就感带来的喜悦是那么的强烈，因此九岁孩子的奖品可以推延到派对结束的时候一次性全部派出。

有趣的小奖品可以是这样一些东西（小赢家们可以排好队，一个一个轮流上前挑选）：胶带纸、小笔记本、梳子、玩具小白鼠、自黏小贴纸、一小摞卡片、用金纸包着的巧克力"金币"……奖励小赢家的时候，可以用这样的办法来确定排位：单项竞赛中获胜一次，在孩子手背上印上一枚印章；团体接力赛中获胜的小队，每个孩子都在手背上获得一枚印章；到了最后，根据手背上印章的数量，来确定冠军、亚军、季军，以及鼓励奖的得主。

❖ 小男生的派对

上面描述的派对是小女生的派对。如果是小男生的派对，安排应该大致相同，但是，男孩子更容易在派对中（哪怕是精心组织的派对）扭扭打打、疯疯癫癫，因此，他们需要铺展得更开的户外活动。比如说，"寻宝"游戏有可能"往纵深发展"：他也许真会去挖土掘宝！

还有，男孩子尤其喜欢在各种竞赛中炫耀他的任何本事。因此，可以增加一些适当的体育项目，来一个奥运主题的派对。另外，这个年龄的男孩子也很喜欢用模型做东西，你也可以让小客人们根据派对的主题用模型做各种小东西。

10

Chapter

你是否也遇到过这些麻烦？——

源自家长们的
真实故事

不同的孩子在成长的过程中会表现出一定的规律和特点，很多孩子在同一事件出现了同样让父母棘手的问题。为了帮助父母解决这些问题，我们特意挑选了一些有代表性的家长来信进行分析，相信对读者会有所帮助。

译者注： 这一章的内容，全部摘自当时的报纸专栏，由本书作者们，也就是"格塞尔人类发展研究所"的资深儿童研究员们，应答家长们在养育过程中的苦恼。人们尊称这些资深研究员为"博士"，他们也都是货真价实的大牌博士。这一本书的读者来信统统指向本书作者之一的埃姆斯博士。

1. 我儿子为什么更看重朋友，而不是我这个当妈的？

读者来信

亲爱的埃姆斯博士：

比力是我的第一个孩子，也是我唯一的孩子。也许正是因为如此，他最近对我的态度很让我受不了。我儿子过去一直是妈妈的乖乖宝，尤其是前一两年，有好多事情都是我们俩一起做的。

可如今，他忽然变得嫌弃我了。比如说，我们俩该出门去看电影了，可是他却在一边咕咕哝哝，说他要跟某某朋友一起去。还有，以前我们俩常常在一起看电视，可是现在，家里似乎总有某个朋友陪着他一起看电视，而且，即使我也在一边看，他也往往当我不存在。

我承认，我这么想有些过于小气，我也知道孩子长大了会慢慢离开自己的父母。可是，难道这么早就开始了？

专家建议

没错，是这么早就开始了！比力的行为并不意味着他从此不再看重你这个当妈妈的；但是，他的行为却也清晰地表明，他跟其他九岁孩子一样，不再把你看作是他的玩伴或者是他最重要的朋友了。

这是妈妈需要学习的最难以接受的课程之一。八岁的孩子常常跟妈妈"纠缠不清"，他需要妈妈对他关注，而且非常喜爱妈妈的陪伴。妈妈常常是他首选的最喜欢的玩伴，陪他一起看电影、玩游戏，甚至仅仅在边上陪伴着他也好。有些妈妈的确为此累得有些喘不过气来，不过这至少也能让你心里甜甜的，因为孩子喜欢你、离不开你。

因此，当你忽然发现孩子不再稀罕你在他的生活中充当主角的时候，妈妈难免会感到相当意外和惊愕。可是，你不要担心，你并没有失去什么，仍然有很多事情是你还有你们一家人可以和比力一起做的。当然，如果能够邀请他的同龄朋友一起来参加家庭出游，那么在这个年龄段的孩子毫无疑问会玩得更开心。

无论如何，你应该尽量换一种心态来看待孩子的行为，不要把它当作孩子对你的否决，而要看作是孩子不断长大、向外伸展的正常行为。

而一旦你真能转换过心念来的话，那么你就会发现比力其实不仅仅只漠视你一个人，他也许对其他成年人也是这样。有一对我们熟悉的母子，妈妈有一次敦促他说："过来跟玛丽姨妈打个招呼吧，她明天就要去佛罗里达州了。"

儿子回答道："呃，这关我什么事呢？我得出去了，那些哥们儿等我呢。"

没错，这的确不是很礼貌，可是这样的做法却清晰地显示出了一个九岁孩子的特点，即他对亲戚或者其他成年人不是那么感兴趣。妈妈也好，爸爸也好，甚至老师也好，你大可以在那里长篇大论做一番重要指示，而你的九岁孩子却可以对你充耳不闻，等你终于说完了以后给你来这么一句："你刚才说什么了？"

　　有一个妈妈把她的儿子送来我们研究所，希望能得到我们的帮助，因为她觉得孩子居然没有家庭观念，一定是什么地方很不对劲："他怎么也不肯去参加他堂哥的婚礼。"

　　这位妈妈，你瞧，你绝非唯一有这种感受的人。

2.女儿在父亲面前表现得很差劲，我该怎么帮助她？

读者来信

亲爱的埃姆斯博士：

我们有一个九岁半的女儿玛克辛，是家中三个孩子中的老大。她是一个很神经质的、很容易激动起来的孩子，做什么事情都匆匆忙忙，而且还有些完美主义。她爸爸是一个非常不懂感情也不露感情的人，不相信对待孩子应该亲亲抱抱这一套。而我们的这个女儿玛克辛呢，偏偏特别喜爱她爸爸，一听到他回家的脚步声就神经质地上蹿下跳。

她会像一个小孩子似的在他面前蹦来跳去，而他则会用那一成不变的几个字来申斥她，让她安静下来。她随后又会陷入傻笑之中，随便他说个什么做个什么，哪怕半点喜剧色彩也没有，她也要嘻嘻哈哈地傻笑一通。

还有一件很头疼的事，就是每天大家一起吃晚饭的时候，她总是吃得太快，而且总也记不住餐桌礼仪。她爸爸则总是被她惹恼，最终数落她一顿。她的身高体重都蛮正常，是一个健康的孩子，唯一的问题就是有些太神经质了。

你觉不觉得以她的年龄来说她的行为其实挺正常的？我很相信她能逐渐成长得非常得体。我丈夫不相信一个人可能会有情绪困扰，不相信一个人会因为身体上的原因而控制不了自己的情绪，他完全不能理解当初我怀孕时的情绪躁动。不过除此之外，他算是一个好爸爸，也从来不打孩子，我反而希望他能偶尔挥两巴掌。他的整个家族都信奉人必须克制自己的情绪。

希望我们能够得到你的回信，我也许能说服我丈夫看看你的信，不然的话我就自己读给他听。请

问你能不能建议我们用某种镇静药物？我的家庭医
生让我自己决定。

专家建议

玛克辛和父亲的相处如此不融洽，这可真是遗憾，显而
易见，她在亲人面前的表现是她最糟糕的形象。你丈夫是否
从未单独带她出去玩过？如果他能够单独带她出去走走的话，
她的举止反倒有可能会因此而显得非常得体。

父母往往会过于注重餐桌礼仪。也许你能想办法说服你
丈夫，一个星期之内只有两三天可以在餐桌上斥责孩子。也
就是说，让玛克辛明白哪些日子是爸爸的"骂人日"。（当然，
你丈夫也许会认为这种想法纯属无稽之谈，根本不予理睬。
但是，假如他真能同意试试看，那么玛克辛很有可能在这几
天里格外懂规矩，以她最得体的行为来讨得爸爸的欢心。）

另外，你能不能想办法换换她的座位，使得她在餐桌上
的一举一动不至于都在他爸爸的眼皮子底下？你能不能让她
坐在你的旁边？

你有没有为了帮着她和爸爸能够和谐相处而做些什么特
别安排？这样的筹划常常能有助于爸爸和这样的孩子相处得

更为顺畅一些。镇静类的药物好像没有什么合适的，不过，我们倒是常常注意到孩子对某些食物的过敏会导致孩子过于躁动。不论怎样，估计你丈夫很难有所改变，因此你能够做得最好的事情，就是想办法帮助玛克辛变得更安静一些。

3. 孩子总喜欢告状，我该怎么办？

读者来信

亲爱的埃姆斯博士：

我是一个有四个孩子的年过四旬的妈妈，我有一个关于我女儿帕蒂的问题。她今年九岁，有一个缺点，总是要找她爸爸告我的状，而且她也总是喜欢告她兄弟姐妹的状，甚至是去邻居那里告别人孩子的状。她实在是一个专爱打小报告的人，而且，看来她就是喜欢看见别人遭到惩罚。

我自己是一个性格软弱的人。你是否相信有些人是强悍的、自信的人，另一些人却是像我这样天生柔弱的人？（我更倾向于把我自己看作一个随意闲散的人，而不是一个懒散的人。）

我担心帕蒂如果继续这么告状的话，她在学校里会不受欢迎。你是否觉得我应该让她多参加一些户外活动？这能有帮助吗？

专家建议

先回答你的第一个问题。如果帕蒂威胁你说她要去找爸爸告你的状，那么你不妨像收到任何恐吓信那样回应她："请便。"如果你和丈夫之间的关系不错，那么没有哪个孩子能有本事在你们俩之间制造出真正的矛盾来。更何况我们觉得，你做的事情不至于真有多么糟糕。

告你的状，应该只是帕蒂整个问题的一小部分而已，而且你也应该感到疑惑，为什么一个孩子需要通过告别人的状和看见别人遭到惩罚而得到满足呢？或许，你能够找到一些办法，让她通过正面的、正向的途径来得到心灵的满足，而不再需要去告别人的状。

还有，不论你是随和还是好说话，都要把握住很重要的一点，那就是不要让她的告状得逞。很多妈妈都能用一句简单的回应就把这样的话打回去："我不感兴趣，你别跟我说。"如果你说不出这样的话来，那么你还有第二道防线，即除非绝对有必要，你不去惩罚她状告的那个孩子。

很大程度上来说，你这么做会使得帕蒂的告状变得很没意思，哪怕只是一个九岁的孩子，她也能很快明白她的某些做法了无意趣。假如你根本不去听她告些什么状，而且根本不因为她告了谁的状就去惩罚谁，而且她威胁说要找爸爸告你的状时你扔给她一句"请便"，那么告别人状这整件事就不再可能让她有什么满足感了。

回答你第二个问题，的确，我们相信有些人很强悍、很自信，另一些人则很温和、很好说话，不太善于自作主张。也许每个人都能让自己改进一点点，但是，想要改变你的基本个性，这是最难做到的事情。

最后，请你一定要尽量让帕蒂多参加一些户外活动。许多在家里相当不讨人喜欢的孩子，一旦离家在外，其举止却可以比在家里像样得多。不少九岁孩子都喜欢用各种活动把每天下午安排得满满的。另外，你要记得，在时间上你可以有盼头。等帕蒂长到了十岁的时候，她很可能就变成了一个比现在懂事得多的孩子。

4. 父母应不应该当着孩子的面争执不同的管教要求？

读者来信

亲爱的埃姆斯博士：

请帮帮忙！请你告诉大家，如果父母双方在孩子面前彼此对抗，妈妈已经在惩罚孩子了，爸爸却站出来指责妈妈的惩罚不合适，这对孩子的伤害该有多大！

昨天我坚持要我九岁的女儿吃完她的早饭，否则就不许去上学，哪怕迟到也必须吃完，她干脆一口都不吃，坐在桌子跟前哭。他爸爸就过来跟我争吵，说我不该这样对待孩子。最后的结果是，我这个当妈妈的替女儿写了一张便条解释为什么迟到，她爸爸则亲自开车送她去学校。（我承认，我不该强迫她必须吃完她的早餐，她平常其实胃口不错。）

可是，你说说看，是不是任何时候，不论一方对孩子的惩罚是否合适，父母双方都必须永远不可当着孩子的面相互指责，对吧？我丈夫也不会愿意看到这么做对孩子性格塑造的长久性伤害。

专家建议

从总体原则上来说，我们同意你的说法。正如大多数儿童专家所认同的一样，我们一再坚持强调，假如父母双方对应该怎么管教孩子意见不一致，那么最好不要当着孩子的面表现出来。

不过，你的来信让我们觉得，你打算借用我们的话来压服你丈夫，指望着他能够接受我们说法。可实际上，我们的说法也好，别人的说法也好，这都很难令他的行为有哪怕最细微的改变。

我们认为，要解决你和丈夫之间的矛盾，恐怕正面冲突不是办法，你应该巧用心思。你所举的事例可以给你提供一个很好的开端。首先，你自己也已经承认，你不该坚持让女儿宁可迟到也必须吃完早餐。其次，如果你真的用心去考量，你一定能想出办法来，避免在你丈夫在家的时候因为管教意见不一致而发生冲突。

按照常规来说，如果夫妻双方意见不一致，通常都是当妈妈的让步。她固然可以在丈夫上班的时候按照自己的管教要求行事，但是，一旦丈夫回到家里，他则往往会按照他的想法去做。这在一个女权主义者的眼里看来也许很不应该，但，这就是真实生活。好在大多数孩子都能学会"见风使舵"，这样做的结果虽然不见得理想，但是，问题总还是能解决的。

因此，我们跟你一样，认为最好是父母双方能意见一致。但是，我们也认为你的看法"父母双方都必须永远不可当着孩子的面相互指责"，毕竟太极端了一些。发生争执是不好，但是，如果家庭环境的其他方面都挺好，父母之间的关系基本上来说也挺好，那么，双方意见不一致也不见得就统统都是碰不得的"死穴"。

5. 九岁的哥哥索要比弟妹更多的关注和特权，该怎么办？

读者来信

亲爱的埃姆斯博士：

请问你能不能给些建议，帮帮我们，也帮帮我们九岁半的儿子汤米，他生活得并不快乐（而我一直为此担心他）。最近两年以来，他越来越明显地害怕弟弟妹妹（尤其是最小的）会得到比他更多的好处，或者能逃掉他逃不掉的责任。假如这只是一个"阶段"性的行为，那么这个"阶段"已经太长了。只要他在家里，我们家里就充斥着他恼怒的吼叫声。

不论我再怎么爱他，我也必须承认，每当他晚上出去到某个朋友家去玩的时候，我们家里的祥和与安宁是那么的美好。他这种对弟弟妹妹的心态，我实在找不出像样的缘由来：作为家里的老大，他的零用钱是最多的；他得到的特权、自由度，也都比其他孩子多。这些，他认为理所当然就该是他应得的；可是，更多的自由和特权自然伴随着更多的责任和家务，他却既不屑于看到也不肯去承担。

一大早起来，汤米就一腔恨意地满屋子大吼大叫，痛斥谁又没有铺好床了、谁又没有把睡衣挂好了……而他自己这时却常常还穿着内衣内裤，睡衣扔在客厅的地板上，床上乱七八糟。

假如另一个孩子的教母（译者注：相当于中国孩子的"干妈"）记得那孩子的生日，而汤米的教母却忘记了他的生日，他会一连好几个星期情绪都十分败坏。如果他的鞋子穿错了脚，他不但认为反着穿鞋是很正常的事情，而且还要就此去辱骂其他孩子，直到把他们骂哭……

就说到这里吧。我到底该怎么办？这样的行为，请问也是他这个年龄段的"正常"行为吗？

专家建议

假如你能够送他出去上学，这对他一定大有好处。不过，选择学校的时候你必须十分谨慎，要选择那种既能够给他以家庭的温暖，又能够真正有人帮助他战胜这些缺点的学校。毋庸置疑，他需要学会怎么跟别人共享生活，需要理解公平并不意味着完全彻底的平均主义。

汤米是否加入了童子军？这样的群体活动常常对这样的孩子很有帮助，小队员对他们队长的响应要比对妈妈的响应好很多。另外，既然你的孩子已经九岁了，那么你应该跟他好好谈谈这些事情。告诉他，你明白他心里的苦恼，明白他觉得必须跟别人共享生活、有些弟妹得到的东西他得不到等等，都是让他很不好受的事情。

但是，要想帮助孩子走向一条比现在更快乐的生活之路，仅仅是跟孩子谈谈心，或者送孩子去童子军，还远远不够。以他的情形来说，我们建议你去寻求儿童专家的帮助——不是书信上的帮助，而是面对面的帮助。让他跟随一个有水平的儿童专家一段时间，应该会给你的孩子带来实质性的变化，也能让你认为你花那些钱是一件值得的事情。

6.孩子至今还控制不了大便，这可怎么是好？

读者来信

亲爱的埃姆斯博士：

我的问题，不但令我，也令我丈夫、我孩子的老师，都觉得束手无策。我们的孩子切斯特，去年十一月满九岁，如今在学校上四年级，可是他却至今还控制不了大便。虽说不是每天，但他常常屙到裤裆里，在学校、家里都一样。实际上，他更多的时候是发生"事故"而不是正常上厕所。我正在努力训练他每天晚饭后去解大便，可是迄今为止还没见到什么效果。

　　我们的家庭医生说，切斯特身体没有问题，因此这种问题跟他的健康状况没有关系。不消说他的学习成绩很不好，不过他老师认为这或许跟他总是大便失控而让他觉得十分难堪有很大的关系。我们半年以前已经送他去心理医师那里就诊了，可六个月来也没有任何进展。请问，现在我们该怎么办？

专家建议

　　你可以做的第一件事情，就是认真考虑一下切斯特该上哪一年级。单从年龄的角度来看，作为四年级的学生切斯特就已经偏小了。让孩子就读恰当的年级，虽不见得能解决所有的问题，但是，这起码会对孩子有好处。你儿子的行为表明，他的成熟程度很明显比他的实际年龄要低。有很少数的孩子到了六岁还仍然会在这方面有问题，不论是在家里还是在学校里我们都可以看到这样的现象。但是，到了九岁都还是如此，则已经远远超出了极限。

　　既然不论是儿科医生还是心理医师都找不到问题的根源，也都没有办法能帮助切斯特有所改进，那么唯有你退而把他当作更年幼的孩子来看待了。孩子都这么难弄了学校还肯收留他，你可以让他继续上学，这真是很幸运。

但是，你仍然需要以对待小小孩的方式照顾他，也就是说，他解大便的时间，仍然应该由你来负责，而不是靠他自己。你需要去尝试设定恰当的时间，看在老天的分上，不应该是在晚上，而应该是在早上，这样的话你就不至于给他一整天的时间去等待"意外"出现了。

尽管你那里的学校中午让孩子们在学校吃午饭，但是，既然你说你家离学校很近，而且你也有车，那么，请你中午的时候给他老师打个电话，把他接回家吃午饭。如果他早晨上学之前没有解出大便来，也许他中午能解得出来。不过，不论中午他能否解出来，你都要送他回学校去；而且，如果他中午也没有解出来，那么下午放学后你一定要赶紧接他回家，尽你的一切努力，要求他在出去玩之前蹲厕所。

孩子这种恼人行为的背后，究竟是什么原因，我们很难说。纯粹是孩子发育不够成熟，还是他需要借这种不招人喜欢的行为来控制你、控制他周围的人？类似这样的问题，常常最终不知道怎么就解决了，没人能明白到底是怎么一回事。你只能去试，一天天地试下去，一小时一小时地试下去，看你是否能帮助他最终像个大孩子一样。

不过，有一件事情你不妨去做做看，那就是找一个好的儿科过敏专家。我们知道有这样的案例，虽然非常罕见，但是，当某种特别的食物终于从孩子的饮食之中被揪出来之后，那个孩子相当严重的大便失控问题就得到解决了。

7. 九岁少年对性太感兴趣，愁煞了妈妈

读者来信

亲爱的埃姆斯博士：

我儿子大卫已经年满九岁，在过去的两年中我们曾经得到过你的几次帮助。而今我又有了关于性方面的问题。这些事情他根本不想去找他爸爸，总是来找我，而我也总是一五一十地回答了他所有的问题。

可是现在，面对他最新出现的对脏字眼、恶心图画、恶心玩笑的兴趣，我又该怎么办呢？我从来

没有因为这些"脏"话而骂过他、吼过他，而他也一直为有这么理解他的妈妈而颇为得意。我一直想保持我们之间良好的亲子关系，可是，现在我该怎么办呢？比方说，面对他拿回来给我看的那么恶心的漫画，我该怎样应对呢？是不是我一直没有禁止他，只让他把这些东西限制在他自己小桌的范围之内，其实是太过于退让？我对那些东西表示不悦的温和言辞，是否太过于宽容了？他知道那些东西"不好"，但是他也知道我"能够理解小孩子都会对这些新奇的东西感兴趣，都会喜欢谈论这些事情"，因此，他就把它们都拿回来给我看！

专家建议

听起来大卫是一个幸运的男孩子，他可以在你一点点得体的帮助之下，很容易就能迅速地走过他在成长中需要面对的一道道坎儿。而孩子遇到这类问题时能否跨得过去，恰好就常常是儿童专家们据此判断一个孩子的不良行为是否真值得担忧，是否真值得采取严厉措施的地方。假如一个孩子陷在某种不良行为中拔不出来，那才是我们真应该担忧的地方。

你和大卫之间看起来有一种不多见的良好的亲子关系，而在给孩子提供各种有关性的信息方面，看来你处理得也非常好。虽然许多人按照传统观念认为，成长中的男孩子应该就这样的问题去找爸爸，但是实际上小少男们找妈妈的情况更为普遍。

你家大卫目前新出现的情况，只是比它应该出现的时间段稍微偏早了一些。在九到十岁之间，最为流行的笑谈就是某些跟排泄有关的脏字眼。通常来说，需要用到有关性的字眼的黄色玩笑（你所说的恶心玩笑），还要再等一段时间才会出现。

既然这看来是孩子获取性知识的一个自然的而且不可避免的阶段，因此，非常关键的一点就是做父母的不可以责骂自己的孩子，也不应该怪罪把这些"坏东西"告诉了你孩子的其他"坏孩子"。你目前对孩子的态度恰到好处。我们认为，你没有彻底禁止孩子谈论以及表达这些话题，是很贴切的做法。而且我们也认为，让孩子明白虽然你自己并不认为这些笑话有什么好玩的，但是可以理解孩子对这些事情感兴趣，你这样的说法和做法也都是十分恰当的。我们相信，在孩子的这个年龄段，对性感兴趣的这一特殊阶段，你儿子肯来找你分享他的想法和看法，哪怕明知道妈妈对他的这种分享并非乐在其中也都仍然来找你，这实在是一件很好的事情。

　　孩子会对什么样的事情感兴趣，这不是最重要的；最重要的是孩子可以毫无芥蒂地跟妈妈分享他心里的东西。大卫虽然走入这一成长阶段的时间偏早了一些，但是，这仍然是孩子在成长过程中非常自然的一步。我们认为，你对孩子这一新情况的处理，相当有水平。

8.儿子夜里睡不好觉，该怎么帮助他？

读者来信

亲爱的埃姆斯博士：

我有一个问题，需要你这样的行家指点。我的儿子亚历克斯，现在刚刚九岁，可他目前变得一到晚上就睡不着觉。这一现象是大约两个月以前开始的。他每天晚上上床之后就会开始胃疼，接着他就会哭喊、吵闹，搞得全家人不得安宁。

我觉得他的胃疼应该是想象出来的，不过仍然带他去看了医生。医生说有一点点小小的毛病，给他开了一点点药。从那以后，亚历克斯每天晚上越折腾越晚，不闹到十点、十一点甚至更晚，他就睡不着觉。我被他闹得心烦至极，很生他的气。我也知道我不该这样，可是，我的耐心真的被他磨得差不多了，而且，我也的确有些担心他，因为他还是有时候会说他胃疼。

每天夜里他都能找出什么碴儿来折腾上好几个小时。如果我的女儿，也就是他十三岁的姐姐，肯到他屋里去睡，那么他会好很多。问题是他姐姐想睡得晚一点，而且她更愿意睡在她自己的屋里。

我曾经惩罚他、取消他的特权，而他也曾经再三保证，晚上要做一个好孩子。可是，一到了睡觉时间，他就又不是他了，不闹腾个够，他就不肯去睡觉。

我一边写这封信，一边觉得这说起来好像也不是什么大事，可是，说真的，一想到晚上该睡觉的时候，我就心里直发毛，我知道有什么会等着我们大家。他不睡着觉的话，全家没有一个人能够安生。我担心他这么下去会睡眠不足；而且，我也觉得他这么小小年龄就那么担心他自己，我是否真该忍心责骂他。如果他觉得胃里边疼起来了，他会担心那是不是犯心脏病了。他也总是有很多的梦。

专家建议

胃疼以及其他疼痛，在九岁孩子当中是很常见的现象，而且往往找不到什么明显的身体方面的原因。另外，许多这个年龄段的孩子也都有睡不着觉的问题。不太容易睡得着觉，这件事情本身并不会对孩子造成什么伤害；但是，如果像你儿子那样胡闹、折腾，搞得全家不得安宁，而且他自己也还忧心忡忡，这显然就真是一个问题了。

他姐姐睡在他屋里的时候他就会好很多，这一情况说明，他也许是一个需要有人陪伴的孩子。有些情况下，一条他自己的小狗，如果可以睡在他屋里陪伴他，有可能能解决这样的问题。你要不要试试看？

至于他的胃疼，你带他去看医生是很明智的做法。既然看了医生，你就能放心实际上没有什么明确的身体问题了，更何况这个年龄的孩子常常就会是这样，他们总要申诉这里痛那里痒，却又找不出身体上的毛病。

另外，孩子上床以后你会不会陪他聊聊天，让他跟你说说他这一天都是怎么过的？也许他心里装了好多超出你想象的事情。如果孩子能够把他心里的话说出来，这往往能出人意料地让孩子放松很多。也许你们还可以探讨一些其他能够让他放松下来的办法，例如，睡前听听收音机里柔和的音乐，会不会有效果呢？

不过，如果他的胃疼和难以入睡继续这么下去，也许你愿意跟许多其他家长一样，去求助于儿童心理治疗。记得曾经有一个我们的小病人，跟你家孩子一样，是一个九岁的男孩，他胃疼得实在太厉害了，以至于最后医生不得不为他实施了手术，可仍然什么问题都没有发现。结果他父母只好带他来找到我们。不知道你肯不肯相信，他的胃疼竟然是从他家杀掉并吃掉了他们家养的一只鸭子开始的。原来那只鸭子一直都被这孩子当成是他的小宠物……一旦大家发现并明白了这个根源，事情很快就恢复了平静。毋庸置疑，这件事情属于非常罕有的案例，但是，孩子的确是一群奇怪的小生命，我们往往对他们的小心思和发生在他们小身体里的事情知之甚少。

9. 孩子痉挛得厉害，这可能是什么原因？

读者来信

亲爱的埃姆斯博士：

我女儿桃乐西，今年九岁半，她整个头部和胃部都痉挛得很厉害。最近似乎她头部的痉挛已经消失了，但是我觉得这只是从表面移到了深层，当又一轮痉挛到来的时候，我都能看见她脖子上的肌肉绷得紧紧的。

我带她去看了我们的家庭医生，他给她开了一点镇静剂，但是看得出来他对此其实无可奈何，只是寄希望于她自己痊愈。他也建议我让桃乐西跟她十一岁的姐姐分开来睡，不要再挤在一张床上。他怀疑她也许是睡眠不足。

两个星期以后，我给医生去了电话，告诉他毫无进展，他于是让我带孩子去看心理医生。我们去拜访了他推荐的那位心理医生，对方说也许需要十二次心理咨询才可能有所改善，而这却是我们承担不起的费用。

桃乐西很害怕去上学，她跟她老师不对板。在学校里的时候，她话多得止也止不住。我丈夫觉得她应该是找不到属于她的位置，她是一个"夹心"孩子，好像什么事情都做不好。最近这段日子里，假如有什么惊扰了她，她会爬到床底下去，或者把自己遮盖起来，而且还会在那里使劲东摇西晃，她从小就常常使劲摇晃她的小童床。她狠狠索要我们对她的关注，以至于我们实际上都已经把另外两个孩子推到一边去了，可是她仍然还是嫉妒他们。

请问你有什么建议？我们是否应该在短期内把另外两个孩子送走呢？

专家建议

我们觉得你不能完全把桃乐西的问题都归咎于她是一个"夹心"孩子。位居三个孩子的中间，这的确会让事情更加棘手，但这并不是导致她目前这些困扰的根源。她的问题可能有好几方面的原因：

比如说，首先，她是不是还不应该上四年级呢？这有一定的可能，你说她的生日在八月份，个头也很小，而且四年级的功课对她来说也显得太难了。有些不够能力上四年级的孩子，往往在此之前都能学得不错，但是，一旦上了四年级，事情就不一样了。勉强在四年级挣扎，至少有一定的可能是造成她在学校里表现很糟糕的原因之一，也是造成她痉挛的原因之一。

还有一个可能的原因，虽然你也许会觉得扯不上边，但是很值得你关注一下：也许她的视力方面有些问题。一般来说，只要我们遇到了喜欢摇晃的孩子，或者小时候喜欢摇晃小童床的孩子，我们都会首先确认这孩子的眼睛是否正常，双眼的配合是否协调。要查明这一点，需要你去找一名眼科专家咨询，而且是一名专精于我们称之为"儿童发育视力"的眼科专家。

真正懂行的人往往不会直接从治疗痉挛入手，这么做很少能有什么真正的效果。与之相反，我们通常会尝试找出令孩子陷入困境的真正原因，然后从这方面入手，帮助孩子能生活得更舒展一些、更顺畅一些。我们怀疑，你女儿的痉挛只怕是每当她的状况很糟糕的时候，她表现出来的一种外部反应。

10. 我女儿忽然染上了洁癖，我该怎么办？

读者来信

亲爱的埃姆斯博士：

我九岁的女儿安德里娅，非常聪明，学习非常好，跟同学相处得也很好。可是，在过去的这一年里，她竟然染上了洁癖（至少在我们看来是如此）。每次她一回到家就要赶紧洗手。我们全家人的毛巾都挂在洗手间里，可她却要把她自己的毛巾挂得远远的。她的衣服也要放得离其他孩子的衣服远远的。

她还不愿意触碰电灯开关或者门把手，因为这都是别人会去触碰的地方。她的这些做法让我感到很担心，不知道这个暑假把她送去夏令营会不会有所帮助？

专家建议

孩子在某些年龄段的某些反常行为，例如，眨眼睛或者其他怪异表情，往往会是那个年龄段特有的行为，并非是某个有这类行为的孩子可能有什么问题的征兆。

即使是某些小小的怪癖，例如某个东西要一口气触摸好几次，或者反复练习某种仪式，等等，其实也都无关紧要。但是，你女儿的表现看来却已经过于严重了，而且超出了正常的界限。这样的行为人们往往认为是某种内在异常的外在表现。因此，我们建议你带孩子去拜访一下当地的儿童专家。如果你们的家庭医生没有合适的推荐，你可以打电话给你们当地的家庭服务中心或者心理健康诊所，请他们推荐合适的心理医生。

我们的确知道有这样的案例，而且是一个类似于你家安德里娅这样行为的孩子，被送去寄宿学校读书之后解决了问题。那是我们认识的一个小姑娘，跟你女儿一样，不愿意她的衣服碰到任何别人的衣服，哪怕把她的衣服跟大家的衣服一起挂在衣橱里也不行。有一次她弟弟坐到了她的床上，她硬是逼着家里替她换了一床席梦思才罢休。很奇特的是，在寄宿学校里住了一年之后，她居然就把这些忌讳抛到九霄云外了。

仅仅是一个夏令营，恐怕解决不了多少问题，不过倒是会给她一个离开全家每一个人的机会。我们很难说，在夏令营里当她的东西不得不跟其他伙伴放到一起时，她会做何感想。

11. 该怎么判断我的孩子是否真的是一个多动症孩子？

读者来信

亲爱的埃姆斯博士：

我的儿子乔什，大约是你能够想象出来的最好动的九岁少年。在我看来，他似乎永远都不可能安静下来，而且永远有用不完的精力。这固然有其好的一面，他完成了很多很多的事情，而且在运动方面尤其出色。

但是，他上学的成绩，却有些让人无法恭维。他根本就坐不住，甚至连我，作为他的妈妈，都觉得很难受得了他这一点。因此学校干脆给乔什贴上了多动症的标签。我怎么才能知道他是否真的是一个多动症孩子？他会不会只是比普通的孩子更加好动一些而已呢？

专家建议

多动症的标签，跟许多其他贴在孩子身上的标签一样，往往被用得太滥。你们的家庭儿科医生应该是最有资格作判断的人，因为他很了解你的孩子，我建议你首先去找他咨询一下。

不过，作为判断的第一步，你也许愿意尝试一下我们提供的行为对照检查表。这份检查表，选自田纳西州的威廉·克鲁克博士以及劳拉·J.斯蒂文斯合写的著作《怎样养育难以养育的孩子》。克鲁克博士建议读者，将下列35项行为跟你的孩子逐一对照。如果你认为是从来没有出现过的行为，那么打上0分；偶尔出现的行为，请打上1分；较常出现的行为，打上2分；常常如此的行为，打上3分。下面就是这35项行为：

过度活跃	没有耐心听完整个故事
事情做一半就扔下	桀骜不驯
坐立不安	暴躁易怒
不肯安安静静地吃饭	很难让他开心
弄坏家具或者玩具	常常哭闹
说话太多	鲁莽妄为
说话声太大	不受同龄人欢迎
不按要求做事	没有耐心
容易摔跟头	撒谎
跟其他孩子打架	容易出意外事故
下一步做什么不可预料	白天尿裤子
打断别人说话	夜间尿床
嘲弄、欺负别人	具有破坏性
不服从管教	阅读能力低
惹是生非	书写能力低
说话不利落	功课一塌糊涂
打滚撒泼	很难上床睡觉

没有哪个孩子可能完全得零分，哪怕是身心状态很好的

孩子，也不可能得零分。而且，任何上面单个的行为，都不算是太反常的行为。不过，请你先把你的分数累加起来。毫无疑问，分数累计得越低，孩子的状况就越好。假如你孩子的分数大致在 15~30 之间，那么他有可能算是轻度好动。如果分数大致在 30~45 之间，孩子可能算是一定程度的多动症。如果分数超过 45，那么看来他应该是真正的多动症孩子了。

12. 孩子上学前磨磨蹭蹭，请问有什么锦囊妙计？

读者来信

亲爱的埃姆斯博士：

我们家有三个可爱的孩子：大儿子这个星期就该满九周岁了，二女儿四岁半，还有我们可爱的小儿子，目前只有七个月大。

我家大儿子跟他爸爸一起参加少年球赛联队，一起出去打猎、钓鱼。他爸爸还是他的星期日教堂儿童班的老师。大哥哥和小姐姐一起侍候他们的小弟弟，而小弟弟则总是报以咯咯的笑声和甜甜的小酒窝，我猜用不了多久这小家伙就会被我们大家给宠坏了。

我的问题，其实不是一个大问题，但却是一件很让人恼火的事情。我那马上就要九岁了的大儿子，早晨起来磨磨蹭蹭半天穿不上衣服。岂止是穿衣服，他出门上学之前，干什么都磨磨蹭蹭。

其实他起床很早，六点半就起来了，然后读读书，玩一玩，替小宝宝热热奶瓶，然后，全家人才纷纷起床。可是，一直到八点钟出门，我们却都在不断地提醒他："赶紧穿上衣服了""快点把衣服穿好"……

今天早上我跟他说，我觉得我很想跳到外面那条河里去。假如有人来问我说："你为什么要跳河？"我就告诉他说："唉，因为我实在受不了我儿子了，他永远都穿不上衣服。"

当然，他听了以后哈哈大笑。他一直是一个很听话的孩子，我相信这一个磨磨蹭蹭的阶段一定能够过去。可是，这一段路我们能不能走得稍微容易点儿？坦白说，我丈夫和我都受不了了。整个早餐就只听我们在不断地提醒他："你还剩下最后十分钟了，赶紧穿上衣服，吃完东西，不然来不及上学了。"

专家建议

你家大儿子的问题，我们觉得恐怕不是过一阵子就能过去的临时现象，而是深植于你孩子性格里面的某种东西。常规情况下孩子的这种磨磨蹭蹭会从八岁开始就烟消云散，因为他会从此变得渴望出门去上学，再也不应该有这方面的问题。

至于像你家孩子这样的情况，看来天生就是磨蹭性格，这使得他对家里任何敦促以及要求都能置若罔闻，唯一能对他造成强烈冲击从而促使他改进的因素，就是让他直接面对自己的行为后果。也就是说，某些情况下，你能够做得最好的事情，是退到一边，不要再替他承担责任，而是把事情都交到他自己手上，然后让他自己去面对可能发生的一切事情。

你孩子怎么去上学？如果他错过了学校提供的班车，你也许不妨让他自己想办法去上学。这当然是一条相当痛苦的路，但是，放手让孩子体验他自己的行为后果，也许是你必须去做的一件事情。要让他明白，需要去上学的人是他，而不是你。

　　还有一种完全不同的做法，就是让他爸爸出马，而不是你在那里反复敦促与提醒。既然他和爸爸的关系相当好，那么，不妨让爸爸来制定并执行一个新规则：只要他一起床，在读书、帮宝宝热奶瓶、玩耍等之前，他必须先穿好衣服，这是他起来要做的第一件事情。现代派的父母对孩子往往宽容很多，我们已然忘记当初我们的父母是怎么给我们定规矩，而我们又是怎么老老实实地执行的了。谁要是胆敢不从，哼哼……

13.能不能帮助一个没有耐心的男孩子学会耐心做事？

读者来信

亲爱的埃姆斯博士：

我的问题是关于我儿子特里的。他今年一月份满的九周岁。请问我该怎么教他学会慢下脚步来，耐心把一件事情做完呢？他天生是一个瘦而精壮的、神经紧张的、非常好动的孩子。我的另一个儿子蒂姆，今年七岁，则往往跟他哥哥完全相反。特里总不肯耐着性子完成童子军要求的手工制作（当然，他也总是能拿出点什么东西来，表示他已经努力了）。他在做这些事情的时候不算是很不正常的孩子，不过他就是太没有耐心了，很少能在家里完成他应该完成的任务。

而他的弟弟则几乎什么都能做，常常替他完成这类任务。我知道特里其实是随我的性子，我自己小时候就是一个做事情有头没尾的小姑娘，我妈也似乎总拿我没办法。所以，我想的是怎么才能激发出他主观能动性的火花来。

因为我能够理解他，知道他心里的感受，所以我不忍心责骂他或者逼迫他，不想搞得他很反感。可是与此同时，我又希望能够通过某种训练，教会他能够像他爸爸和蒂姆那样把事情做完。我这两个儿子的学习成绩都不错，特里唯一的大问题就是他行事太仓促。由此，你可以很清楚地听见我的呼声："怎么才能教一个孩子学会耐心做事？"

专家建议

看来你很清楚地了解孩子的性格特点以及小哥儿俩的显著不同。要想教孩子学会耐心做事，恐怕解决不了你的问题。

你可以去试试看，但我不觉得会有什么用。

不过，这孩子的确需要有人来帮助他获得更多的成功体验。如果你能够帮助他体验到更多的成功，这很可能激发出他的内在动力，更努力去做出成就来。通常来说，如果做事情的时候身边有人陪伴，像你儿子这样的孩子往往能拿出他最好的表现来。在别人的陪伴下，他往往更有可能完成整项任务。这时，他不单单是依靠旁边人的帮助，而更是借助了陪伴者所给予他的精神支持。实际上，这很有可能就是你能够激发出他主观能动性"火花"来的好办法。有些时候，如果旁边的人身上带有"火花"的话，孩子也就能够借助这一"火花"而迸发出自己的"火花"来。

请问特里是否跟别人一起做事情的时候往往会做得更好？他是不是一个更善于挑头去做某件事情的孩子？如果你帮着他一起筹划，他能不能做到另外找个时间来把整件事情做完呢？如果他能够做得到，你不妨跟孩子说，一时做不完放到一边没有关系，但是过一段时间他要按原来的计划回来把这件事情做完。这样的话，孩子就不会把自己放下一件事情看作是"半途而废"，而是能够把这么做看成是一个完整计划中的一个步骤。

实际上，八岁孩子的特点往往就是更善于开始而非完成，等孩子长到九岁、十岁，他则会成长得越来越善于去完成某件事。因此，随着你家孩子越长越大，他会在这一方面逐渐进步的。

不过，也有相当大的可能是特里的变化不会太显著。年龄的成长固然可能带来改变，但是，他也有可能将来一直是一个在生活中一路往前冲的孩子，他对人生最大的贡献在于他所擅长的开发和拓展，然后把详细的后续事情留给别人去完成。请想想你孩子都擅长些什么。他是一个演说家，是一个思想家吗？他是否在运动方面很拿手吗？他更擅长于事情的筹划，还是更擅长于事情的具体执行？请尽量给孩子机会发挥长处，不论是哪方面的事情都可以，总之是他能够做得好的事情就可以。这样，才能帮助他渐渐成长得不会那么对自己没有耐心。

14. 本来就是早产儿，而且我怀疑她上学太早，该怎么办？

读者来信

亲爱的埃姆斯博士：

我九岁半的女儿桑德拉开学就该上五年级了。桑德拉的功课一直蛮好，但是，我却已经感觉到她恐怕是上学太早了。她自从四岁半就开始进入小学学前班，而且后来每年都照常升级。学校不认为她不够能力照常升级，可是我却认为桑德拉一直被放在了偏高的年级里，尤其这孩子还是一个早产儿，她出生的时候只有七个半月，体重也不到1.5千克。

她就读的学校是所谓的"开放式学校"，因此校方坚持说其实孩子无所谓在哪一个年级。

请问你的建议呢？这孩子该上哪一年级？你能不能推荐我一本关于讲述早产儿的书？

专家建议

我当然应该就这孩子的上学提出我的建议。不论是开放式学校也好，封闭式学校也好，一个九岁半的孩子，而且还是一个早产一个半月的孩子，在我的观念中她显然还不应该上五年级。你作为她的母亲所给出的判断，非常符合情理，我支持你一定要慎重考虑孩子到底该上几年级。

我们所知道的关于早产儿这一主题的书，最为翔实的当首推《出生得太早了：孩子的早产与发育》，作者是苏珊·戈德堡和芭芭拉·迪维托，自由人出版社出版。我也很愿意让你知道，如今学者们对早产儿的研究越来越重视。我们一直认为，对于一个健康而正常的早产儿，若要计算这个孩子的实际年龄，应该需要减去孩子从出生到应该足月的日子。两个月的早产对孩子的第一年甚至一生都会带来一定的影响，而且我们发现早产儿在五六岁之前大多会长得偏小。

如今大多数的儿科专家都认为，胎儿在最后几个星期内的确很需要在母亲腹中成长，许多孩子后来在阅读、感知、学习方面的困难都可能会跟他的早产有关。固然我们不必杞人忧天，但是，我们都应该像你一样，对孩子成长中的各种端倪保持警觉。尤其你要记住，因为孩子早产，所以你女儿进入小学学前班的时候，实际上连四岁半都还不到。

15. 如今孩子成天哼着歌曲，走到哪儿唱到哪儿，十分感谢！

读者来信

亲爱的埃姆斯博士：

我们非常庆幸读到了你关于孩子应该就读哪一年级的专栏文章，真是开心至极。这篇文章使得我和我丈夫坚信，我们做了一项最重要的决定，解决了我们九岁的儿子丹尼斯的大问题。他一向在学校过得不开心，我们只知道他不能适应学校，却不知道那是为什么。

今年秋天他本来应该升入四年级，虽然我们明白他会在学校里越挣扎越往下沉，却不知道该怎么办。我们祈求上天，希望能得到答案，然后我们就幸运地读到了你的专栏文章。这篇文章等于是对我们的当头棒喝，问题的根源一定就在这里！原来我们的孩子一直就被拔到了更高的年级里面。他不是学业上应付不了，而是行为年龄上接受不了更高标准的要求——超过了他的成熟程度所能够承受的极限。我们怎么以前就这么睁眼瞎呢？

因此，我们做出了一项重要决定，得到了校长的配合，并且最后说服了我们的儿子。这整个过程当然并不容易，但是，我们却没有预料到这一决定的效果居然这么厉害！度过了最初几个星期的冲击之后，丹尼斯开始成天在家里唱歌了，走到哪儿唱到哪儿，就仿佛是他终于卸下了肩膀上的一副沉重的担子似的，他解脱了。

随着时间一个星期接一个星期地过去，我们越来越清晰地明白，今年上学他一定会有良好的表现。其实，何止是上学，他的整个生活都将美好起来。面对一个昂首阔步往前走的孩子，与面对一个沉溺在水中挣扎而你却只能眼睁睁看着他手足无措的孩子相比，这感受是多么的不一样！

专家建议

非常感谢你的来信。我希望你的这封信能够激励更多的家长，去为他们的孩子做你们做到了的事情。

很多人都非常担心孩子留级之后感情上会遭到巨大的打击，然而，却很少有人能够像你们一样，担心孩子日复一日承受上学的痛苦而给孩子造成的个性方面的伤害。

我们成年人往往不把孩子的这些痛苦当回事。我们常常在孩子成绩很糟糕的时候露出一副"你真没用"的表情，然后我们会说"只要你肯好好用功成绩就能上去"。我们闭上眼睛，关闭心扉，锁住头脑，根本不去关心孩子在绝望中日复一日地挣扎，不去关心孩子在面对那除了失败还是失败时会是一种什么情形。

很多学校的负责人以及学校规则的制定人，看来根本不知道一个永远生活在挣扎中的孩子是多么不幸。

愿我们都努力让自己变得更切合实际一些，对这些痛感学校的要求实在高不可及的孩子多一份同情和理解。

16. 孩子为什么怕在课堂上朗读功课？该怎么帮她？

读者来信

亲爱的埃姆斯博士：

我九岁的女儿萨曼塔有一个很严重的问题，请问你能帮帮我们吗？她是一个招人喜欢的、聪明的小姑娘，有很多好朋友。她一直是一个快乐的、很适应环境的孩子，跟她爸爸和我的相处也都很好。

她也一直很喜欢上学，而且学习成绩很好。可是最近，她却变得非常惧怕在课堂上朗读功课。她从来都不喜欢这么当堂朗读，不过，到了她现在的年级，学生们不但要当堂朗读，而且朗读之后同学们还要当场评论一番。

这令她痛苦至极，以至于每当该她站起来朗读的时候，她只能站在那里哭，而这又令她更加无地自容。因此，她现在已经变得不肯去上学了。

她的老师很愿意帮助她，故意给她安排些帮老师擦黑板之类的事情，给她机会适应在全班面前站出来做点儿什么的感觉。这样的安排在开始的时候有那么一点点的作用，但随后她又回到了老样子，害怕在全班面前站出来。如今她怎么都不肯去上学了。请问我们该怎么帮助她战胜这一惧怕呢？

专家建议

既然你的女儿过去以来各方面都一直表现不错，所以，在目前这个阶段，我们还不觉得她的问题严重到了需要去寻求心理医生或者其他专业医师帮助的程度。也许以后她有可能慢慢走到那一步，但是现在，我们觉得还不需要。

以我们的想法来说，你应该尊重孩子这种极端的羞怯，尊重她的感受。老师让她站出来帮忙擦黑板，是很友善也很体贴的做法，但是，这样的做法还不足以真正能帮到她，因为她的怯懦和惧怕看来根子埋得很深。

如果老师愿意配合的话，我们建议不要让萨曼塔在课堂上朗诵，至少整个一学期都不要这么要求她。如果老师能一直耐心地等到她自己要求站出来朗读，那就更好了。还有，假如老师愿意安排出时间来，听她单独朗读给老师一个人听，也许她能够做得到。

你可以让孩子相信，过一段时间她就能够长出足够的勇气和能力跟其他同学一样在全班面前朗读了。不过你也要让她放心，在她有足够的勇气和能力之前，你和老师都不会逼迫她这么做。

有些时候，这类非常羞怯的孩子虽然在全班面前可能一个字也说不出来，但是，如果有几个人跟她一起表演，而不是她一个人站出来，也许她能够做得到。你不妨这么陪她一起试试看，说不定能有所帮助。

但是，总的来说，如果一个孩子表现出这种程度的怯懦，那么最好的办法肯定不是推她上前。相反，你应该容许她退后一步，让她知道你和老师都理解她的感受，能够尊重她的感受。像萨曼塔这样的小姑娘，往往通过听别人说和看别人朗读来学习，而不必是她自己站出来朗读。这类孩子的智力发育往往比情感发育更快，也往往比他们的"自我意识"发育得更快，保护这类孩子并不意味着要纵容他们，而是应该对他们独特的成长步伐表示尊重。

对你们来说，如何让萨曼塔愿意去上学，喜欢去上学，而且在学校里能觉得舒坦，这显然比让她当堂朗诵功课要重要得多。

17. 为了能有一个朋友，孩子就应该让别人抄作业吗？

读者来信

亲爱的埃姆斯博士：

我女儿帕蒂遇到了一个关于道德方面的问题。她今年九岁，上四年级。她在学校里功课不错，可就是很难交上什么朋友，我不太明白是怎么回事。她长得挺漂亮，而且我觉得她也很可爱。当然我也知道她有些害羞，也许这就是原因了吧？

总之，她现在好不容易交到了一个朋友，或者说找到了一个有可能成为她朋友的人，但唯一的问题是，那小姑娘伊莱恩，也就是她的邻桌，提出来说，如果帕蒂允许她抄帕蒂的作业，她就当帕蒂是"最好的朋友"。帕蒂不愿意这么做，她觉得这是错误的行为。可是，她又忍不住跟我说："妈妈，我真的需要一个朋友。"唉，我们该怎么办呢？

专家建议

我们很理解帕蒂的困境。要交上一个朋友可真不是一件容易的事情（不论是在学校里还是在别的地方）。但凡我们还能记得自己小时候如何在操场上孤独地度过课间玩耍时间，我们就没有谁会低估在学校里有一个好朋友的重要性。哪怕是在幼儿园阶段，我们也清楚地看到了孩子对小朋友的渴望。

我们也并不认为，伊莱恩提出要抄别人的作业就说明她也许是一个小害人精，或者是一个潜在的小少年犯。小孩子的行为不太符合严格的道德规范，这并不算是什么罕见的事情，尤其这孩子在功课方面显然挺吃力。即使已经成熟如九岁少年了，孩子也难免如此。

我们觉得应该这么应答帕蒂的困扰。首先，跟她说你很明白能有一个朋友对她来说有多么重要。其次，跟孩子解释说，除了少数非常幸运的人可以不用费多大力气就能够吸引到不少的朋友之外，我们大多数人若想要维护一份友情，都或多或少需要付出一定的代价。

但是，我们也应该同时告诉帕蒂，一个人为了获得友情而付出的代价，毕竟有一个最大界限。在我们看来，这个界限就应该划在你认为再做下去就是错误的地方，那么这时你的确不可再往后退让。几乎每一个孩子都知道，抄写同学的作业是不对的，帕蒂也知道这一点。如果她对此让步，伊莱恩对她的要求毫无疑问会越来越高，而帕蒂为了求得这份友情所要付出的代价也就会越来越高。

假如伊莱恩是一个我们大家都希望她是的好孩子，那么很有可能哪怕帕蒂不给她抄作业，她也能成为帕蒂的好朋友。否则的话，即使帕蒂会觉得自己太孤独了，也似乎不必守着这么一份"友情"而不忍放手。

18. 过敏反应还真是我孩子学习吃力的罪魁祸首!

读者来信

亲爱的埃姆斯博士:

作为一个在学校就职的心理导师,一个在学校里各方面都很吃力的九岁孩子的家长,我对你最近的专栏文章非常感兴趣。在这篇文章中,你指出造成孩子在学校里很吃力的罪魁祸首,往往是我们想象不到的过敏反应。请问你能不能就这一话题再讲得详细一些?

专家建议

我当然非常愿意。我们的一位同事，过敏科专家雷·文德利希博士，发现孩子的身体状况跟他的学习状况有十分密切的关系，而且，他相信这是双向的影响。治愈孩子的过敏症能够改善孩子的学习状况，而改善孩子的学习成绩亦能使肌体上的过敏症状消失。而且，学习成绩的提高，也同时有助于改善孩子的身体状况、视觉能力、营养吸收以及情绪状况。

文德利希博士指出，孩子的某些不良行为往往可能由多方面因素所导致。比如说，生理上的、心理上的以及二者皆有之的影响。孩子的不良行为有时候可以通过某些特别的方式加以抑制，例如可的松类药物是一种很强效的抗过敏药，稍微用一点点就能带来很大的效果。

他还指出，神经性的功能障碍（译者注：指孩子躁动不安、不能专心学习等）与过敏反应是如此有规律地协同并发，这不能不让人从发病症状的角度来怀疑这二者之间是否有某种关系。通常过敏症状占主导地位，同时伴随着明显的神经性的功能障碍……有的孩子经过治疗之后，其效果之明显，昭然地证明了正是由于过敏导致了神经性的功能障碍。比如说，一个多动症孩子，他注意力无法集中，很容易分心，而且行事蛮横无理，等等。可是，一旦我们从他的饮食之中取缔了某种关键食物之后，他就可以变回一个完全正常的孩子。与此同时，他的神经反应、协调程度、视觉能力等也都有了进步。如果把那种有害食物重新添加到他的日常饮食中，这孩子很快又会陷入以前的困境之中；而再次剔除那种特别食物，则又复出现全面的改观。

还有，人体的机能与人体的构造紧密相关。文德利希博士还指出，针对一名患有神经性功能障碍的孩子做感知能力训练治疗之后，他身上伴生的过敏性疾病症状，也可能会同时得到改善或消失。

因此，这二者之间的确存在着双向影响。如果你能改善一个孩子的不良行为，那么他的生理状况有可能得到改善；反之，如果你能改进一个孩子的生理状况，他的不良行为则也有可能得到改善。

很多很多年以前，格塞尔博士就曾经指出，"人的行为是人体结构的一种运作机能"。有时候我们实在很难说到底哪里是始哪里是终。然而，由于这两者之间的关系是如此的密切，因此，假如你虽然一直想激励孩子做得更努力更好，可是你的努力却总是劳而无功，那么，从孩子的身体入手做不同的尝试，这终归会是明智之举。也许，某种尚未被发现的过敏原，正是如今许许多多的孩子在我们的公立学校里表现得很差劲的根本原因之一。

19. 孩子该不该上性教育课？该不该告诉他什么是艾滋病？

读者来信

亲爱的埃姆斯博士：

我是一名学校里的老师，这所学校跟许多其他学校一样，为在校学生提供有关性教育的课程。可是，也跟许多其他学校一样，人们对此的看法分歧相当大，各持己见：到底该教孩子一些什么？什么时候教更合适？

目前争论最激烈的话题是艾滋病。有人认为当孩子问及这一问题的时候，例如这是什么病、人怎么会患上这种病，那么我们应当坦率地告诉孩子；可另一些人却认为不应该告诉孩子。实际上，在我们学区甚至有这么一条规定，即不可以跟学生们谈论艾滋病，如果孩子问及也须避而不谈。

请问，你的看法是什么？

专家建议

这可真是一个棘手的问题。不论学校朝向哪一个方向走，都会有一部分家长感到不悦。我自己针对学校性教育的看法是，我们的教育必须根据孩子的年龄以及他们的接受能力来施行。

我们多年的实际观察表明，大多数的七岁孩子可能已经明白，要让妈妈的卵子受精，必须有爸爸的种子。当然，这一点，由于家庭背景的不同，孩子的认识也会有很大的差异。不过我们所知道的大部分孩子，其实并不太理解爸爸在其中扮演的角色。因此，哪怕把常规的性交完整地描述给孩子听，七八岁的孩子也不见得能听明白，那已经超出了他的接受能力。至于非常规的性交行为，不消说那就更不适合告诉这么年幼的孩子了。

因此，我们的基本原则就是根据孩子年龄的成熟程度，根据孩子所能够理解并接受的程度，坦率地回答孩子提出的问题，提供真实但是适度的讯息。不论是在家里还是在学校里，都应该这么做。

如今，电视上、收音机里到处都在谈论艾滋病，各种报刊、小说更是充斥着这类话题。哪怕是在孩子自己的学校里，也有可能出现某个孩子因为身患艾滋病而被迫辍学的情况。在这样的现实社会中，要想隔绝有关艾滋病的话题，恐怕是很不现实的。

指导老师该如何针对这一话题跟孩子们讲授，这将需要以学生的成熟水平以及孩子已经接受了多少信息为依据，谨慎而仔细地量体裁衣。（希望一个班级的大部分孩子的能力水平能大体上比较一致）。比如说对低年级的小学生（小于七岁），老师不必告诉孩子任何详尽内容。

但是，我并不认为学校应该完全屏蔽这样的话题。针对这一个课题，我们有一条很实用的经验法则，那就是不妨沿用你以前讲授其他社会弊端的相同做法。这的确很棘手，很不好处理；然而，我不相信学校能够完全躲避得开这类话题。

20. 要小心陌生人！

读者来信

亲爱的埃姆斯博士：

我理解孩子也许真能遇到陌生人的劫持、诱拐以及伤害等等，但是，像我们家这样静谧的小镇，恐怕不太有可能会发生这样的情况。请问你是否觉得目前这种大张旗鼓地宣传各种可能的危险，比如到处张贴着失踪儿童的宣传单，甚至连送牛奶的卡通箱上都是，反而会不必要地吓着太多的孩子？我们真的需要如此不遗余力地鼓噪吗？

以我的观点来看，人们正慢慢地把自己的恐惧感过量而且过度地灌输给我们的孩子。想想看，一个孩子要真正遇到这种攻击或者诱拐的可能性，实在是小之又小；我真觉得其实我们的这种反复告诫反而对孩子的伤害更大。我们灌输给他们的恐惧，恐怕比真正可能发生的糟糕事情更为糟糕。你觉得呢？

专家建议

错！这样糟糕的事情真有可能就发生在你家附近静谧的小镇里，真有可能就发生在你的家里。据我所知，学校里组织学生做消防演习并不曾吓坏许许多多的孩子，相反，一旦真发生火灾，他们经历过的消防演习毫无疑问可以拯救许许多多的生命。

与此相似，在如今这个危机四伏的年代，我坚信每位父母都应该告诫自己的孩子，不论这种告诫是否吓人；同时，还要采取一定的预防措施以保护自己的孩子。当然，你可以而且应该，以沉着冷静的态度来告诫孩子。除非你所居住的街坊实在太过可怕，或者除非你的前任配偶真有可能动手劫持你的孩子，你完全应该以安详的、仿佛事情并不会真正发生的态度，把有关避免危险的知识教授给孩子。

在这里我愿意提供一些常识性规则以及建议，以方便你给予孩子合理的告诫而不至于不恰当地吓着孩子：

1. 假如有陌生人找你问路，你可以礼貌地回应一句"对不起，我帮不了你"，然后尽可能快速地走开。还有，不要接受陌生人给你的任何东西，比如糖果等小礼物。

2. 如果有一个陌生人在路上跟着你走，要尽可能迅速地走进一个安全的地方。比如说，你认识的某个妈妈的家，或者路边的商店、加油站。告诉你见到的成年人，有个人一路跟着你。永远不要不好意思寻求帮助。

3. 如果有一个陌生人过来打扰你，请赶紧跑开，不要觉得不好意思。有些喝了药的人、醉了酒的人、神经兮兮的人真有可能做些很吓人的事情。你不要担心你会显得对那人太不友好，而是要赶紧跑开并且寻求其他人的帮助。如果你这时刚刚走出校门或者商店，那么赶紧跑回去。

4. 永远不要上一个陌生人的车，哪怕这个人告诉你说，是你妈妈要他／她来接你回家的。

5. 如果不巧遇到有人向你勒索钱财（这样的情

况看来在大城市里发生的概率比小镇更高），那么你最好给他，不要跟他抗争。

6. 在街上、公交车里、地铁里，你跟陌生人之间要保持一定的安全距离。如果你感觉到有某个人故意靠近你，你要赶紧挪开。

7. 要假装你正忙得起劲。哪怕你心里已经十分害怕，你也要镇静自若。但是，你要避免去盯着人家看。

8. 当你走在外面的时候，一定要关注周围的人和事。切莫光顾着和朋友一起说笑而完全忽略了周围环境。

不过，不论我们如何小心，有些时候孩子还是会遭到打劫，甚至遭到性攻击。这时候我们该怎么办？家长也许愿意尝试下面的一些做法：

1. 首先查看孩子有没有外伤。尽你最大的能力安抚孩子，同时尽量保持你自己的镇静。

2. 让孩子明白这整件事情并不是他的错，你并不怪他。

3. 随着时间的推移，观察孩子有没有后续症状或者焦虑出现。你需要观察的情况包括孩子是否失眠、食欲削减、消沉沮丧。如果你发现孩子忘不掉那不幸运的经历，请寻求专业的帮助。

4. 不要从此太过于杯弓蛇影，但也需要采取相应措施以避免相同事件再次发生，例如，尽量不要再让孩子单独出行。

5. 跟孩子探讨，该如何保护自己的安全；如果需要别人帮助的时候，该怎样去获得帮助。如果你所在的小区格外不安全的话，你也许愿意让孩子学一学防身课程（有些家长愿意这么做，有些家长不愿意）。

6. 如果危险因素没有消除，也许你应该和其他家长联合起来，组成一个防护体系，例如由家长轮流护送孩子，组织孩子集体活动，让孩子尽可能不再需要自己单独到外面去。

要面对这些生活中的困难，不是一件容易的事情。我自己小的时候，遇到的最糟糕的事情，无非是小朋友告诉我说某个孩子对他不够善意。而今这世界比过去危险得多了，因此，即使有一定的可能会吓住孩子，你也仍然应该好好告诫孩子，并且跟孩子一起探讨，一旦真有危险发生，他该怎么保护自己。

21. 该不该告诉已经九岁的女儿，我是她的亲生母亲？

读者来信

亲爱的埃姆斯博士：

我十七岁那一年，生了一个小女孩，今年已经九岁了。那时候我还没有结婚，听别人劝说，打算把她送给领养家庭。可是，由于孩子身体上的先天缺陷，没人领养她，所以我就把她留在了家里。其实，我本来就不想送走她。

我父母很善良，接纳了她，而且让她住在他们家里。我出去工作，我妈妈照料这孩子。一开始我打算自己抚养这孩子，可是，虽然我妈妈非常好心，她却也不声不响地抵挡开了我要做妈妈的一切努力。

当我意识到我和我母亲之间的争执有可能让小安吉陷入迷惑时，我只好退下阵来，让我母亲把持缰绳。于是，小安吉现在一直认为我的父母就是她的父母。

如今我已经结婚，我丈夫很理解这一切。而我的女儿，看来也很正常，善于适应环境，在学校里也表现蛮好，而且还有几个惹人喜爱的朋友。

我和我丈夫想问问你，我们该不该告诉安吉我真正是谁。比如说最近有一次，星期天教堂儿童班要她提供她的洗礼证明，她就奇怪为什么她的洗礼是在医院里施行的。我解释说，因为医院里有一所教堂。可是，我们担心类似这样的问题将来还会再出现，不知道我们该如何应对。

专家建议

　　这显然不是属于九岁孩子的特殊问题，而应该是处于任何年龄的这样一个孩子都会遇到的问题。这个问题很棘手，尤其你说你和你妈妈、小安吉都住得很近。

　　也许更简单的做法，是保持现状，不要告诉她真相，而且你还要小心翼翼地避免她能发现真相的任何可能性，一直到她长大。比方说，十七八岁，甚至二十几岁的时候。当然，须是在她结婚之前。不少孩子在年龄比较大之后，才能够以好奇心来面对这样的事实。

　　你其实做得蛮好，而且你也非常幸运，因为你的父母愿意出面帮你，而且帮了你这么些年。我们觉得，目前最好不要把这件事情张扬出来，而且要尽可能地当作根本没有这么一回事。

　　假如小安吉已经发现了有关她身世的真相，那么你必须把一切解释清楚。虽然她才不过九岁，我们相信她还是最终能够接受这一事实的。可是，我们建议你，除非万不得已，你应该不提及这件事情。

22. 这世上还是有很多可爱的小年轻人，别泄气！

读者来信

亲爱的埃姆斯博士：

我明明知道找你发牢骚并不能解决我的问题，可是，作为一个祖母，我却没法按捺得住自己的哀叹。跟以前相比，如今的孩子真是越来越粗鲁，越来越不好管教，对我们这些老年人更是越来越不友善、越来越不尊重了。请问这世界就真的再也回不到过去了吗？

专家建议

　　是啊，再也回不到过去了。而且，我们也必须承认，许多孩子对成年人的确不如以前那么毕恭毕敬了。可是，这世上还是有非常多、非常多的可爱的小年轻人。举个例子来说，就在不久以前，我们才约谈了一个九岁的小男孩。我们问他，为什么发生沉船事故的时候，要先救妇孺，而不是成年男人。他这么回答："因为，小孩子还没有开始他们的人生；而且女人也很宝贵，她们还能再生小宝宝。"你瞧，像他这样的孩子，这世界上肯定还有很多很多！

图书在版编目（CIP）数据

你的9岁孩子 / （美）路易丝·埃姆斯，（美）卡罗尔·哈柏著；玉冰译. -- 北京：北京联合出版公司，2018.8（2023.8重印）

ISBN 978-7-5596-1865-8

Ⅰ.①你… Ⅱ.①路… ②卡… ③玉… Ⅲ.①儿童教育－家庭教育 Ⅳ.①G782

中国版本图书馆CIP数据核字(2018)第055043号

北京版权局著作权合同登记 图字：01-2017-9093号

YOUR NINE-YEAR-OLD: THOUGHTFUL AND MYSTERIOUS
By Louise Bates Ames (Author), Carol Chase Haber (Author)
YOUR CHILD'S GROWING MIND by Jane M Healy: Copyright © 1987 by Jane
M. Heal. Reprinted by permission of Doubleday & Company, a division of the Bantam
Doubleday Dell Publishing Group, Inc.
P.L U S PARENTING: TAKE CHARGE OF YOUR FAMILY by Dr. Joseph Procaccini and
Mark W. Kiefaber: Copyright © by Dr. Joseph Procaccini and Mark W. Kiefaber. Reprinted
by permission of Doubleday & Company, a division of the Bantam Doubleday Dell
Publishing Group, Inc.
I HATE SCHOOL by Jim Grant: © 1986. Published by Programs for Education, Rosemont,
N.J. Reprinted by permission of the author.
Copyright © 1990 by The Gesell Institute of Human Development
This edition arranged with THE BANTAM DELL PUBLISHING GROUP
through BIG APPLE AGENCY, INC., LABUAN, MALAYSIA.
Simplified Chinese edition Copyright © 2012 by Beijing Zito Books Co., Ltd.
All rights reserved.

你的9岁孩子

作　者	[美]路易丝·埃姆斯 [美]卡罗尔·哈柏	监　制	黄利 万夏
译　者	玉　冰	特约编辑	曹莉丽
责任编辑	郑晓斌　徐　樟	营销支持	曹莉丽
项目策划	紫图图书ZITO®	装帧设计	紫图装帧

北京联合出版公司出版
（北京市西城区德外大街 83 号楼 9 层　100088）
艺堂印刷（天津）有限公司印刷　新华书店经销
字数 164 千字　880 毫米 × 1230 毫米　1/32　10.25 印张
2018 年 8 月第 1 版　2023 年 8 月第 10 次印刷
ISBN 978-7-5596-1865-8
定价：49.90 元

紫图·汉字课

《汉字好好玩》(全5册)

有画面、有知识、有故事、有历史的汉字图书。
中央电视台、湖南卫视等多家媒体报道!
学汉字就像在看画,写汉字就像在学画!

　　《汉字好好玩》曾获选为台湾"百年文学好书",多次参加两岸文博会,被中央电视台、湖南卫视等多家媒体争相报导,并引发代购狂潮。这套书保留了象形文字的精华,延续了汉字原创的精神,展现了"画中有字 字中有画"的汉字精髓,融合了文字学、哲学、美学与创意,以艺术的眼光介绍汉字!

　　作者精选75幅主题汉字画,500多个常用汉字的起源和演变,打破传统一笔一画的汉字学习方式,倡导图像学习汉字的新思维!

出版社:中国致公出版社
定价:329元(全5册)
开本:16开
出版日期:2018年5月

《一笔一画学汉字:1-3》

只要15幅汉字画,就能轻松学会86个汉字。
从根源认汉字,才是智慧的学习方式。

　　《一笔一画学汉字:1-3》是《汉字好好玩》作者张宏如给孩子的汉字启蒙书,作者原创多幅汉字画作品,打破传统的汉字学习方式,让孩子们从一幅幅汉字画中感受古人造字的精髓,识字就像看画,写字就像在画画。只要一幅汉字画就可以同时达到识字、写字的效果。

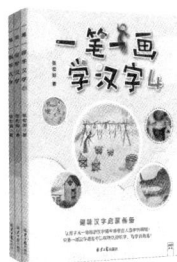

出版社:北京日报出版社
定价:129元(全三册)
开本:16开
出版日期:2019年5月

《一笔一画学汉字:4-6》

只要15幅汉字画,就能轻松学会80个汉字。
从根源认汉字,才是智慧的学习方式。

　　《一笔一画学汉字:4-6》是《汉字好好玩》作者张宏如给孩子的汉字启蒙书,作者原创多幅汉字画作品,打破传统的汉字学习方式,让孩子们从一幅幅汉字画中感受古人造字的精髓,识字就像看画,写字就像在画画。只要一幅汉字画就可以同时达到识字、写字的效果。

出版社:北京日报出版社
定价:129元(全三册)
开本:16开
出版日期:2019年11月

紫图·育儿课

《法布尔植物记：手绘珍藏版》（全 2 册）

因《昆虫记》闻名于世的法布尔又一巨作。

所有植物爱好者不可错过的"植物圣经"。

大自然给您和孩子的邀请信，送给孩子最好的礼物。

　　《法布尔植物记：手绘珍藏版》（全 2 册）由《昆虫记》作者法布尔耗时 10 年著成，权威，科学，生动有趣。法布尔用讲故事的形式讲述了植物一生的美丽故事，同时还告诉读者许多人生的智慧，是激发孩子探索世界的最好礼物。为了还原最真实的植物形态，绘者历时 2 年取景，培育植物，最终精美呈现出 300 余幅插画。

出版社：北京联合出版公司
定价：99.9 元（全两册）
开本：16 开
出版日期：2019 年 8 月

《勇敢的小狼》（全 6 册）

本系列荣获 2016/17 年英国人民图书奖"最佳童书"奖项、提名 2017 妈妈选择奖"最佳儿童读物系列"、提名 2017 英国教育资源奖"最佳教育图书"。

　　《勇敢的小狼》（全 6 册）由知名童书作家创作，专业童书插画家配图，已授权多个国家和地区。这是一套专为 4~7 岁孩子创作的绘本，帮助全球孩子化解成长过程中遇到的情绪问题，让家长不再焦虑，让孩子学会管理自己。随书赠送 4 套情绪卡片。

出版社：北京联合出版公司
定价：199 元（全 6 册）
开本：16 开
出版日期：2019 年 6 月

《青少年抗焦虑手册》

哈佛大学临床心理学家给孩子的成长课。

　　本书是一本为生活学习中普遍存在焦虑问题的青少年和年轻人提供的心理自助实用手册。孩子在父母或老师的带领下，在家里、学校里或者任何地方都可以拿来学习和使用，消除焦虑，纾解压力。书中针对具体问题设计了启发式问答及练习，帮助读者更好地理解焦虑的根源，养成积极的思维习惯。作者循循善诱，字里行间流露出同情和理解，充分考虑到青少年、年轻读者群的心理特点，融专业实用和趣味阅读于一体，是一本十分难得的心理健康读物。

出版社：现代出版社
定价：42 元
开本：32 开
出版日期：2017 年 2 月

紫图·育儿课

《开启高敏感孩子的天赋》

高敏感不是缺陷，而是上苍赐予 TA 最特别的礼物。

肯定 TA 的独特，开启他们的天赋，让他们感受更多，想象更多，创造更多。

《开启高敏感孩子的天赋》是高敏感孩子第一临床医生的扛鼎之作，给高敏感孩子家长的 41 个养育·照顾·陪伴的指导。全世界每 5 个人当中就有 1 个人是高敏感族，当这个人是孩子时，就是"高敏感孩子"。高敏感是种与生俱来的气质，它会成为孩子的弱点或是优点，全靠父母的教养方式。

出版社：北京联合出版公司
定价：49.9 元
开本：32 开
出版日期：2019 年 9 月

《赢在未来的"虎刺怕"小孩》

"虎刺怕"（Chutzpah）是犹太人特有的"个性品牌"，代表勇敢、不畏权威、大胆。

马云说："在以色列，我学到了一个词，Chutzpah——挑战传统的勇气。我相信这种精神属于 21 世纪，属于第三次技术革命，属于未来。"

《赢在未来的"虎刺怕"小孩》是一本展现犹太人育儿经验的书，给家有 0~12 岁孩子的你，养出不畏权威、理性对话的"虎刺怕"小孩。小孩哭不停，大人到底该不该介入？孩子不爱念书，怎么办？和小孩讲话不听怎么办？……犹太人育儿经验告诉你，如果想要孩子赢在未来，那么就给予孩子充满安全感、幸福快乐的童年！

出版社：北京日报出版社
定价：49.9 元
开本：32 开
出版日期：2019 年 9 月

《妈妈强大了，孩子才优秀》

央视著名主持人李小萌真心推荐"一本教妈妈的书，胜过十本教孩子的书。"

书中强调了家长要接纳孩子，要了解孩子不同年龄的心理特色，不要进行错位教育，否则大人孩子都累！

本书是儿童教育专家罗玲经多年研究，并结合自身育儿经验的心血之作，不但解决了育儿中的难题，甚至改变了家长在生活中的态度。书中除了给出具体解决诸如孩子胆小、好动、打人、骂人、磨蹭、逆反、不认错、爱抱怨、爱哭闹等生活中常常让大人焦头烂额的育儿问题的方法外，还从根本上告诉家长要如何才能帮助孩子长成最好的自己，如何引导孩子合理发挥自己的智能。

出版社：江西科学技术出版社
定价：39.9 元
开本：16 开
出版日期：2016 年 1 月

紫图·育儿课

罗大伦《脾虚的孩子不长个、胃口差、爱感冒》

不伤孩子的脾，别伤孩子的心。

从调理脾胃和情绪入手，有效祛除孩子常见病根源。

2018 年修订升级版。

新增当下常见的儿童舌苔剥落成因及调理。

一本从调理脾胃和情绪入手，教会家长如何对症调理孩子常见病并祛除疾病根的书。书里介绍的各类调理方法已被无数受益的家长验证有效，只要家长认真按书里介绍的辩证使用即可。由知名中医诊断学博士、中央电视台《百家讲坛》特邀嘉宾罗大伦倾心奉献，帮助家长调理孩子瘦弱、不长个、胃口差、爱发脾气等一系列令人焦心的孩子生理和心理问题。随书赠送：孩子长得高、胃口好、不感冒的特效推拿、食疗方速查速用全彩拉页。

出版社：江西科学技术出版社
定价：49.9 元
开本：16 开
出版日期：2018 年 3 月

罗大伦《让孩子不发烧、不咳嗽、不积食》

调好孩子脾和肺，从小到大不生病。

指导家长用食疗和心理学方法 对症调理孩子常见病。

2018 年修订升级版。

新增怀山药治疗外感使用大全、白萝卜水止咳法。

书中把孩子发烧、咳嗽、积食各个阶段的病因和症状讲得通俗、清晰，可以让任何家长都能及时发现孩子身体状况的变化，防患于未然。介绍的调理方法简单、安全，多为食疗及外治法，能提供给家长一系列可操作的解决方案。由知名中医诊断学博士、中央电视台《百家讲坛》特邀嘉宾罗大伦和儿童教育专家、亲子、教育专栏作家罗玲联袂著作，教你快速成为孩子身体和心理上的全方位保护神。随书赠送：孩子常见疾病的每个阶段不同疗法速查速用全彩拉页。

出版社：江西科学技术出版社
定价：49.9 元
开本：16 开
出版日期：2018 年 3 月

罗大伦《图解儿童舌诊》

知名中医专家、中医诊断学博士罗大伦，根据孩子常见身体问题与不同体质舌象的精准分析，给出了 40 种对症调理孩子身体的食疗、泡脚、推拿方等。

很多孩子生病后，自己也说不清到底是哪里不舒服。作为家长，只要把孩子的舌象看清楚了，就能分析出孩子的问题到底出在了哪里，不仅能在疾病的早期及时给与食疗、推拿等调理的方法，也能在自己无法解决时，将孩子身体状况的准确信息传达给医生，便于医生诊治，从而更好地配合治疗，帮孩子早日恢复健康。

出版社：江西科学技术出版社
定价：69.9 元
开本：16 开
出版日期：2019 年 7 月